Les Lais
de Marie
de France

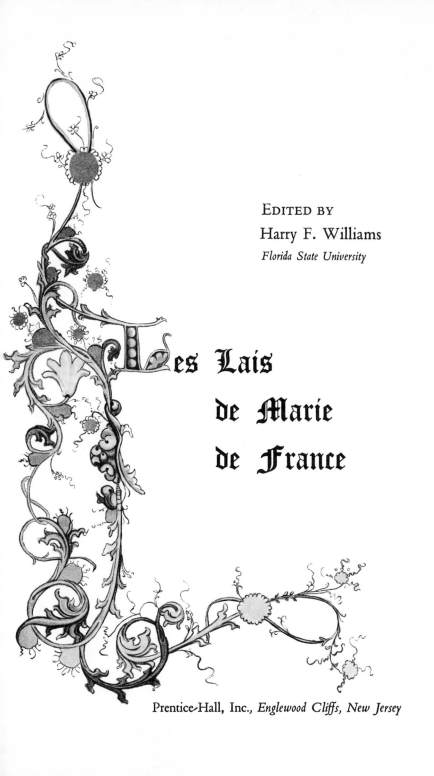

EDITED BY
Harry F. Williams
Florida State University

es Lais de Marie de France

Prentice-Hall, Inc., *Englewood Cliffs, New Jersey*

PRENTICE-HALL INTERNATIONAL, INC., *London*
PRENTICE-HALL OF AUSTRALIA, PTY. LTD., *Sydney*
PRENTICE-HALL OF CANADA, LTD., *Toronto*
PRENTICE-HALL OF INDIA PRIVATE LIMITED, *New Delhi*
PRENTICE-HALL OF JAPAN, INC., *Tokyo*

© 1970 by
PRENTICE-HALL, INC.
Englewood Cliffs, N.J.

Library of Congress Catalog Card No.: 70-92454

13-530667-1

Current printing (last digit)
10 9 8 7 6 5 4 3 2 1

Printed in the United States of America

EDITHAE UXORI

Table des Matières

LAIS SURNATURELS

Les Lais
de Marie
de France

INTRODUCTION

GRANDS COURANTS DE LA LITTÉRATURE MÉDIÉVALE

Jusqu'au milieu du XIIᵉ siècle, la littérature française du Moyen Age se renouvela sans cesse. Dans l'ensemble, les ouvrages[1] écrits pendant les deux premiers siècles (vers 875–1075) furent chrétiens d'inspiration : les écrivains s'intéressaient surtout aux vies édifiantes de saints.[2] Puis, le saint, servant de Dieu, tout en restant populaire longtemps encore, fut remplacé dans les chansons de geste[3] par le chevalier qui accomplissait une mission à la fois chrétienne et féodale. Ainsi l'inspiration chrétienne subit l'influence de l'histoire légendaire de la France royale et féodale.

Vers le début du XIIᵉ siècle, les écrivains du Nord, un peu lassés des thèmes chrétiens et royaux, se mirent à l'école des auteurs latins de l'Antiquité,[4] d'où l'inspiration classique qui dura plus d'un demi-siècle et qui mit en scène des héros anciens représentés comme si c'étaient des chevaliers du Moyen

---

[1] Voir G. Paris, *La Littérature française au moyen âge* (Paris : Hachette, 1905).

[2] Par exemple : *Ste Eulalie, St Leger, St Alexis.*

[3] Les chansons de geste, dont le chef-d'œuvre est «La Chanson de Roland», traitent de l'histoire légendaire des Mérovingiens et des Carolingiens.

[4] Surtout Ovide, Stace, Virgile, Phèdre, etc., en général à travers des intermédiaires.

I

Age.[5] Et, vers la même époque, une influence byzantine[6] se fit sentir, comme résultat des premières croisades en Orient.[7]

Déjà, dans le Midi, vers le milieu du XIᵉ siècle, les nobles s'étaient créé une brillante civilisation de luxe et, bientôt, pour remplir leurs loisirs, une abondante littérature, en langue provençale, de poésie lyrique[8] dont le thème presque toujours fut l'amour—la *fin'amors,* nouvelle conception des relations entre l'homme et la femme. D'après le code de cet art d'aimer promulgué par les troubadours, l'amant devait s'humilier devant la dame hautaine et fière; elle était toujours mariée à un autre, car les mariages, étant plutôt de convenance ou de politique, ne favorisaient pas, pensait-on, le développement de sentiments tendres. Cependant, vivre sans amour n'était pas une vie. L'homme et la femme, attirés l'un vers l'autre, devaient observer une discrétion absolue, se montrer généreux, garder la mesure, et souffrir constamment, cela étant la nature du mal d'amour, source de toute joie.

Cette sorte d'amour était ennoblissante, idéalisante et, quoique franchement adultère, les poètes ne la condamnaient pas en général. Mais transportée au Nord, la conception de *fin'amors* fut modifiée, interprétée différemment de poète en poète, d'époque en époque, et elle prit le nom d'*amour courtois.*[9] La valeur guerrière d'un homme ne suffisait plus; le chevalier était au service de l'amour.

Vers le milieu du XIIᵉ siècle, un autre élément va influencer la conception de l'amour et on ajouta aux sources traditionnelles d'inspiration quelque chose de nouveau: la matière celtique, que les Bretons colportaient des deux côtés de la Manche,[10] et que les Français, suivis des Anglais, renouvelèrent à la lumière de la société polie contemporaine. La mode littéraire de cette inspiration fut lancée par Geoffroi de Monmouth (*Historia Regnum Britonum*) et ses traducteurs en langues vulgaires, surtout Wace (*Roman du Brut*).

La génération de 1160–1180 environ comprend, avec Thomas et Béroul, auteurs de versions de la légende celtique de Tristan et Iseut,[11] trois véritables initia-

---

[5] Les *Romans d'Alexandre, de J. César, de Troie, de Thèbes, d'Enéas.*

[6] Comme dans *Le Roman des sept sages, Le Pèlerinage de Charlemagne, Floire et Blancheflor.*

[7] Première croisade: 1096–1099; deuxième croisade: 1147–1149.

[8] Voir A. Jeanroy, *La Poésie lyrique des troubadours* (Paris: Didier, 1934).

[9] A distinguer d'«homme courtois», qui signifie: «honnête, loyal, gracieux, noble».

[10] Voir R. S. Loomis, *The Development of Arthurian Romance* (London: Hutchinson University Library, 1963).

[11] Voir Donald Stone, Jr., *Tristan et Iseut,* Modern French Edition (Englewood Cliffs, N. J.: Prentice-Hall, Inc., 1966), p. 6.

teurs du genre romanesque moderne, contemporains de génie qui surent créer un style neuf, bien adapté au milieu et au temps où ils vivaient : Gautier d'Arras,[12] Chrétien de Troyes,[13] et Marie de France.

MARIE DE FRANCE

Marie de France est la première poétesse française qu'on connaisse. Elle composa, pendant le dernier tiers du XIIe siècle, son recueil de *Lais*, une collection de *Fables*, et un *Espurgatoire St Patrice*.[14]

Née en Normandie ou dans l'Ile-de-France, elle vécut et écrivit en Angleterre peut-être, sut l'anglais et le latin, fréquenta la royauté, sentit une véritable vocation littéraire, et fut jalouse de sa réputation d'artiste.

Elle réunit dans ses écrits, d'une façon ou d'autre, et avec une originalité bien à elle, tous les courants littéraires cultivés auparavant. Elle connaissait Ovide, le *Brut* de Wace, la légende de Tristan, *Piramus et Thisbé*, *Thèbes*, *Enéas*, la *fin'amors* des troubadours et des légendes celtiques.

Sa popularité fut grande de son vivant et pendant presque tous les siècles suivants, comme l'indiquent le nombre relativement grand de ses manuscrits qui survécut, le fait que d'autres écrivains la mentionnent,[15] la traduction ou l'adapta-

---

[12] Auteur de deux romans : *Eracle* et *Ille et Galeron*.

[13] Après des traductions d'Ovide et une version de la légende de Tristan (perdue), il écrivit les romans : *Erec et Enide, Cligés, Yvain, Lancelot, Perceval*, et peut-être *Guillaume d'Angleterre*.

[14] Les érudits sont en désaccord sur l'ordre et les dates de ces ouvrages ; par exemple, Warnke, Rychner, Hoepffner, adoptent l'ordre *Lais, Fables, Espurgatoire* ; Levi et Nagel, *Lais, Espurgatoire, Fables* ; G. Paris *Fables, Lais, Espurgatoire* ; Mall, Jenkins *Espurgatoire, Fables, Lais*. En tout cas, les *Fables* et l'*Espurgatoire St Patrice* n'ont guère l'intérêt artistique des *Lais* et ce sont des traductions (le premier de l'anglais ou d'une version latine basée sur une version anglaise ; le second d'un ouvrage latin écrit par un moine anglais).

[15] D. Piramus dit dans sa *Vie St Edmund le rei* (1170–1180 ?) que Marie composa des lais qui ne sont pas des histoires vraies, mais qu'on la loue, qu'on les lit, qu'ils plaisent surtout aux femmes. L'auteur du *Couronnement de Renart* (1270 ?) dit qu'elle composa les *Fables*.

tion de ses lais en norvégien et en anglais, et son influence sur les romanciers médié-vaux,[16] sur les lais bretons anonymes[17] et les lais anglais.[18]

Dans un prologue (que nous ne reproduisons pas), Marie nous dit 1) qu'on doit partager avec autrui ses connaissances et son éloquence; 2) qu'on doit inter-préter la littérature pour l'avenir, comme le faisaient les Romains; 3) qu'elle avait d'abord songé à traduire quelque bon conte de latin en français, mais se rendant compte que tant d'autres s'occupaient de tels travaux, elle choisit de mettre en rime des lais qu'elle avait entendus.

SES LAIS

Il paraît qu'il existait au temps de Marie des lais (c.-à-d., des chants) bretons dont on accompagnait la mélodie d'une narration,[19] surtout au bénéfice de ceux qui ne connaissaient pas cette langue. A part la musique qui était très appréciée, on aimait l'élément celtique—le fond de féerie, de magie, d'aventures fantastiques et romanesques que, depuis le XIIIe siècle, on appelle la matière de Bretagne. De plus, il y avait des éléments classiques, orientaux, scandinaves, car les Bretons empruntaient librement leurs motifs pour plaire aux cours brillantes de la France et de l'Angleterre.

Ce qui intéressait Marie, c'était de reproduire le contenu narratif, en y ajoutant des motifs et des détails tirés de ses lectures ou inspirés de ses préoccupations favorites, le tout mis au goût de la société polie. Si elle n'était pas le premier écrivain[20] à exploiter les lais des chanteurs bretons, elle était un des premiers et sûrement le plus doué.

---

[16] Gautier d'Arras, *Ille et Galeron*; Hue de Rotelande, *Ipomedon, Prothesilaus*; l'anonyme *Chastelaine de Vergi*; Egenolf von Staufenberg, *Peter von Staufenberg*.

[17] Il y en a une douzaine. Voir H. F. Williams, «The Anonymous Breton Lays», *Research Studies* [Albert W. Thompson Festschrift], XXXII² (1964), 76–84, et dans le *Dictionnaire des lettres françaises: le moyen âge* (Paris: Fayard, 1964), p. 450.

[18] Voir T. C. Rumble, *Breton Lays in Middle English* (Detroit: Wayne State University Press, 1965).

[19] A la manière d'*Aucassin et Nicolette*? Voir l'édition de cet ouvrage par R. W. Linker (Englewood Cliffs, N. J.: Prentice-Hall, Inc., 1967).

[20] Le lai anonyme de *Haveloc, Le Lai du cor* par Robert Biket, et peut-être *Le Lai d'Ignaurés* par Renaud précédèrent, sans doute, ses lais.

Les lais de Marie sont au nombre de douze, de longueur variable, et en forme de vers octosyllabiques rimant deux par deux.[21] La collection forme un tout dont chaque histoire traite l'amour de façon différente, comme les facettes d'un diamant révèlent le brillant de la pierre. Ce qui fait leur unité, c'est l'esprit de Marie, son talent, sa manière de traiter son sujet. Elle dut les composer à des époques différentes; plus tard elle les rassembla et ajouta un prologue, quoiqu'elle avait déjà écrit un prologue pour «Guigemar». Cependant, «Guigemar» ne fut pas le premier composé, car il témoigne de la maturité artistique de la poétesse.

L'ordre de présentation que vous trouverez ici n'est pas celle des éditions critiques ni des manuscrits.[22] La collection se prête à plusieurs sortes de groupements.[23] Il est entendu que nos trois divisions, lais anecdotiques, réalistes et surnaturels, ne sont pas faites dans les manuscrits.

Quelques-uns des lais ont pour scène le continent («Guigemar», «Eliduc», «Le Laüstic», «Frêne», «Le Chaitivel», «Les Deux Amants»), d'autres la Grande-Bretagne («Lanval», «Yonec», «Milon», «Le Chèvrefeuille»); la scène du «Bisclavret» n'est pas indiquée; Eliduc passe de France en Angleterre.

L'épisode unique de chaque poème se déroule selon un ordre linéaire. Ce caractère, joint à la sobriété du récit et des descriptions, donne l'impression de rapidité, mais jamais celle de la hâte ni de la monotonie. Leur mouvement n'est pas uniforme. Marie sacrifie ce qui lui semble secondaire, elle ne conte en détails

---

[21] Asez me plest e bien le voil, / Del lai qu'hum nume *Chievrefoil*, / Que la verité vus en cunt / Pur quei fu fez, coment e dunt. / Plusur le m'unt cunté e dit / E jeo l'ai trové en escrit / De Tristram e de la reïne, / De lur amur ki tant fu fine, / Dunt il eurent meinte dolur, / Puis en mururent en un jur. / Li reis Marks esteit curuciez, / Vers Tristram sun nevu iriez; / De sa tere le cungea / Pur la reïne qu'il ama. / En sa cuntree en est alez, / En Suhtwales u il fu nez.

[22] Cet ordre est invariablement «Guigemar», «Equitan», «Frêne», «Le Bisclavret», «Lanval», «Les Deux Amants», «Yonec», «Le Laüstic», «Milon», «Le Chaitivel», «Le Chèvrefeuille», «Eliduc», car c'est leur ordre dans le seul manuscrit qui les contient tous, et «Guigemar» est le premier dans les trois qui les contiennent.

[23] Cf. S. F. Damon, «Marie de France, Psychologist of Courtly Love», *PMLA*, XLIV (1929), 968–96; M. Lazar, *Amour courtois et fin'amors* (Paris: Klincksieck, 1964), pp. 174–98; K. Voretzsch, *Introduction to the Study of Old French Literature,* trans. F. M. Du Mont (Halle: Niemeyer, 1931), pp. 264–65; R. N. Illingworth, «La Chronologie des lais de Marie de France», *Romania*, LXXXVII (1966), 433–75.

que les scènes qui retiennent son attention. Il y a plus de psychologie que de morale chez elle.

Marie poétise la vie en faisant surgir l'irrationnel et le merveilleux dans le décor ordinaire de la vie ; elle est attirée par le fantastique. Le charme de cette atmosphère persiste dans ses lais, mais ces éléments tendent à céder à des éléments réalistes et humains. L'intérêt se déplace du monde extérieur aux émotions intérieures ; l'aventure devient pour elle un moyen de peindre les passions humaines, d'analyser les motifs psychologiquement et ainsi de présenter le spectacle de la faiblesse humaine devant la destinée. L'amour n'est pas pour elle la galanterie des trouba-dours ; c'est une passion mutuelle qui demande des devoirs égaux de la part de l'homme et de la femme, en conflit quelquefois avec les obligations du mariage. Il apparaît comme une passion tendre, faite de dévotion et de fidélité, qui suscite la mélancolie et qui pousse au sacrifice.

La lecture de ces lais est agréable et instructive, car elle nous permet de voir en partie le tournant littéraire qui semble s'effectuer en France vers 1160, d'assister à la transformation morale qui s'opère dans le traitement des conceptions amoureuses par le représentant d'une nouvelle génération d'écrivains, d'apercevoir la civilisa-tion de cette lointaine époque et peut-être les idéals inchangeables de notre civili-sation.[24]

---

[24] Nos traductions des lais suivent le texte établi par J. Rychner (Paris : Classiques français du moyen âge, 1966). Elles visent à être complètes et fidèles aux pensées de l'auteur. L'ancien français est une langue étrangère ; ainsi il serait vain d'en soumettre la version originelle à des lecteurs modernes qui ne sont pas spécialistes : voir le spécimen du texte ancien donné ci-dessus dans la note 21.

Lais
anecdotiques

LE CHÈVREFEUILLE

J'AI ENVIE DE VOUS CONTER UNE HISTOIRE qui me plaît: celle du lai nommé «Le Chèvrefeuille».[1] Elle circule sous forme orale et écrite; c'est la version fidèle que je vous explique.

Il s'agit de Tristan et de la reine, de leur amour qui était si parfait, dont ils ont eu maintes douleurs; et puis, un jour, ils en sont morts. 5

Le roi Marc était courroucé contre Tristan son neveu; il l'a banni de son royaume, à cause de la reine qu'il aimait. Et Tristan s'en est allé dans son pays, au sud du Pays de Galles,[2] où il est né.

Il y a demeuré une année entière, sans pouvoir retourner chez le roi; il s'exposait alors aux pensées qui tuent et qui détruisent. Ne vous en 10 émerveillez pas—qui aime loyalement est très affligé et accablé de chagrin quand il n'a pas ce qu'il veut.

Tristan était désolé et pensif; pour ce, il a quitté son pays et s'en est revenu droit en Cornouailles,[3] où la reine demeurait.

---

[1] chèvrefeuille: «honeysuckle».
[2] au sud du Pays de Galles: «in South Wales».
[3] Cornouailles: «Cornwall.»

9

Il est entré tout seul dans la forêt, car il ne voulait pas être vu. Le soir, il en est sorti, quand c'était l'heure de chercher quelque abri. Avec des paysans, avec de pauvres gens, il a passé la nuit.

Il leur a demandé les nouvelles du roi. Il a appris d'eux que Marc convoquait d'autorité,[4] disait-on, ses barons à Tintagel;[5] il voulait y tenir cour; à la Pentecôte, tous y seraient. Il y aurait joie et agrément, et la reine devait être là.

Quand Tristan l'a appris, il s'est beaucoup réjoui. Elle ne pouvait y aller sans qu'il la vît passer.

Le jour que le roi est parti, Tristan est venu au bois, sur le chemin par où devait passer l'escorte.

Il a coupé une branche de coudrier[6] et il en a ôté l'écorce. Puis quand le bâton fut prêt, il y a écrit son nom avec son couteau.

Si la reine le voyait, qui était attentive à tout, elle reconnaîtrait le bâton; autrefois il était arrivé qu'ainsi ils s'étaient fait signe. Dans son message, il lui mandait que depuis longtemps il était là cherchant comment il pourrait la voir, car il ne pouvait vivre sans elle. Ils étaient comme le chèvrefeuille et le coudrier: entrelacés, ils pouvaient vivre; séparés, ils mouraient très vite. «Belle amie, ainsi est-il de nous: ni vous sans moi, ni moi sans vous.»

La reine est arrivée en chevauchant. Elle regardait la pente à côté du chemin, elle a aperçu le bâton, elle a reconnu toutes les lettres.

Aux chevaliers qui l'accompagnaient, elle a commandé de s'arrêter: elle voulait descendre pour se reposer. Ils ont fait son commandement.

Elle s'en est allée loin d'eux, elle a appelé à elle Branguein, sa suivante, qui était de bonne foi. Et toutes deux se sont écartées un peu du chemin.

Dans le bois, elle a trouvé celui qui l'aimait plus que toute chose vivante. Ils ont mené entre eux une joie très grande.

---

[4] *d'autorité*: sans consulter personne, en usant de ses droits.

[5] *Tintagel*: ville sur la côte ouest de la Cornouailles.

[6] *coudrier*: «hazel tree».

Il lui a parlé tout à loisir, et elle lui a dit tout son bonheur. Puis elle lui a appris comment il ferait son accord avec le roi, et combien elle avait souffert depuis que Marc l'avait banni : c'était sur une dénoncia-tion qu'il l'avait fait.

Enfin elle a laissé son ami et s'en est allée. Mais au moment de se   5
séparer, ils ont pleuré.

Tristan s'en est retourné dans le Pays de Galles, où il a attendu le rappel de son oncle.

Pour la joie qu'il a eue en revoyant son amie, et pour rappeler son message à la reine, ainsi que les paroles qu'elle lui avait dites, Tristan,   10
qui savait bien harper, en a fait un nouveau lai.

Je dirai brièvement le nom de ce lai : «Goatleaf» l'appellent les Anglais ; et les Français : «Chèvrefeuille».

Je vous ai dit la vérité du lai que je viens de raconter.

QUESTIONS

1. Pourquoi le roi Marc a-t-il banni Tristan ?
2. Quelles sont les pensées destructrices ?
3. Comment Tristan apprend-il les nouvelles du roi ?
4. En quelle manière Tristan fait-il signe à la reine qu'il est tout près ?
5. Que pensez-vous du symbolisme tiré du chèvrefeuille et du coudrier ? Aimez-vous le symbole ?
6. Croyez-vous que le rendez-vous de Tristan et de la reine ait été triste ou gai ? Les deux à la fois ?
7. Cette histoire vous a-t-elle plu ? Expliquez.

LE LAÜSTIC

JE VAIS VOUS DIRE UNE AVENTURE dont les Bretons ont fait un lai. Son nom est «Laüstic» : ainsi l'appellent-ils en leur pays. C'est «ros-signol» en français et «nightingale» en anglais.

Dans la contrée de Saint-Malo[1] était une ville célèbre. Deux che-
5 valiers y demeuraient et y avaient deux fortes maisons. Telle était la valeur de ces deux barons que la ville en avait bonne renommée. L'un avait épousé une femme sage, courtoise et avenante ;[2] c'était merveille de voir comme elle se conduisait dignement selon les meilleurs usages du temps. L'autre était un jeune chevalier bien connu parmi ses pairs pour
10 sa prouesse, sa grande valeur, et son accueil généreux. Il était de tous les tournois, dépensait et donnait volontiers ce qu'il avait.

Il est tombé amoureux de la femme de son voisin. Il l'a tant priée d'amour, il y avait si grand bien en lui, qu'elle l'aimait plus que toute chose, tant pour le bien qu'elle avait entendu de lui que parce qu'il
15 habitait près d'elle.

---

[1] *Saint-Malo* : ville en Bretagne.
[2] *avenant* : qui est affable.

12

Ils s'entr'aimaient sagement et bien. Ils cachaient leur amour et prenaient garde de ne pas être aperçus, ni surpris, ni soupçonnés. Et ils pouvaient bien le faire, car leurs demeures étaient proches. Voisines étaient leurs maisons, leurs salles et leurs donjons ;[3] il n'y avait ni bar-rière ni séparation, sauf un haut mur de pierre grise.   5

De la chambre où la dame couchait, quand elle se tenait à la fenêtre, elle pouvait parler à son ami, et lui à elle de l'autre côté. Ils entrechan-geaient des présents en les jetant et en les lançant. Rien ne les troublait. Ils étaient tous deux très contents, sauf qu'ils ne pouvaient du tout venir ensemble à leur volonté, car la dame était étroitement gardée quand son   10 mari n'était pas à la maison. Mais ils avaient ceci au moins pour eux : jour et nuit ils pouvaient parler l'un à l'autre ; nul ne pouvait les em-pêcher de venir à leur fenêtre et de s'y voir.

Longtemps avait duré leur amour quand l'été est arrivé : les halliers[4] et les prés[5] étaient reverdis, les vergers fleuris. Les petits oiseaux   15 menaient,[6] très doucement, leur joie au sommet des fleurs.

Ce n'est pas merveille si celui qui aime y donne ses soins. Le che-valier et la dame s'y sont livrés par paroles et par regards. Les nuits, quand la lune luisait et que son seigneur était couché, elle se levait souvent et s'enveloppait de son manteau. Elle venait se tenir à la fenêtre pour   20 son ami qu'elle savait là ; il faisait de même et veillait la plus grande partie de la nuit. Ils avaient grande joie à se regarder, puisqu'ils ne pouvaient avoir plus.

Elle se levait tant et s'y mettait tant que son seigneur s'est irrité. Maintes fois il a demandé pourquoi elle se levait et où elle allait.   25

«Sire, lui répondait la dame, celui-là ignore la joie en ce monde qui n'écoute pas chanter le rossignol. C'est pour l'entendre que je viens me placer ici. Je trouve grand plaisir en écoutant la nuit son doux chant, et j'ai tel désir de cette jouissance que je ne peux pas fermer l'œil et dormir.»   30

---

[3] *donjon* : grosse tour isolée ou attenante à un château fort.

[4] *hallier* : «thicket».

[5] *pré* : «meadow».

[6] *mener* : ici, manifester.

Quand le seigneur entendait ce qu'elle disait, il en riait de colère. Il a conçu ceci: il prendrait le laüstic au piège. Tous les serviteurs en sa maison ont fait des pièges, filets ou lacets;[7] puis ils les ont mis dans le verger. Pas de coudrier ni de châtaignier[8] où ils n'aient disposé lacets et glu.[9] Tant qu'ils ont pris le laüstic. Alors ils l'ont apporté tout vif au seigneur. Quand il le tenait, il en était très joyeux. Il est venu dans l'appartement de la dame.

«Dame, dit-il, où êtes-vous? Venez ici! Parlez-moi! J'ai attrapé le laüstic, à cause duquel vous avez tant veillé. Désormais vous pouvez reposer en paix: il ne vous éveillera plus.»

Quand la dame l'a entendu, elle était triste et courroucée. Elle l'a demandé à son seigneur. Et lui a tué le petit oiseau par méchanceté; il lui a rompu le cou avec ses deux mains; puis il a fait une chose extrêmement vilaine: il a jeté le corps sur la dame, si qu'il lui a ensanglanté sa robe un peu au-dessus de la poitrine. Alors il est sorti de la chambre.

La dame a pris le corps petit. Elle a pleuré durement, elle a maudit ceux qui ont fait les pièges et les lacets et ont pris traîtreusement le laüstic, car ils lui ont retiré une grande joie.

«Hélas, fait-elle, cela va mal pour moi! Je ne pourrai plus me lever la nuit ni me tenir à la fenêtre d'où j'avais l'habitude de voir mon ami. Il croira, j'en suis sûre, que je l'abandonne; aussi faut-il que j'avise;[10] je lui enverrai le laüstic, je lui manderai l'aventure.»

En un morceau de brocart, brodé d'or, où elle avait raconté tout par écrit, elle a enveloppé le petit oiseau. Elle a appelé un de ses serviteurs. Elle l'a chargé de porter son message à son ami.

Il est venu au chevalier. De la part de la dame, il l'a salué, lui a conté tout son message et lui a présenté le laüstic.

Le chevalier était très affligé de ce qui s'était passé, mais il n'a pas agi

---

[7] *lacet*: ici, filet.

[8] *châtaignier*: «chestnut tree».

[9] *glu*: «bird-lime».

[10] *aviser*: ici, réfléchir à ce qu'on doit faire.

en rustre[11] ni en homme lent. Il a fait forger un coffret. Il n'y est entré ni fer ni acier : c'était entièrement en or fin, avec de bonnes pierres chères et précieuses ; on y a mis un couvercle bien assis. Il a placé le laüstic dedans ; puis il a fait sceller le coffret et toujours l'a fait porter avec lui.

    On a raconté cette histoire ; elle n'a pu être celée[12] longtemps. Les Bretons en ont fait un lai. On l'appelle «Le Laüstic».

5

QUESTIONS

1. Qu'est-ce qui favorise l'amour entre le chevalier et la dame ?
2. Quelle excuse a-t-elle pour se lever la nuit et se placer près de la fenêtre ?
3. De quelle façon le mari montre-t-il sa brutalité ?
4. Le chevalier est-il brutal ou tendre ? Expliquez.
5. Que signifie la mort de l'oiseau ?
6. Commentez le fait que les personnages ne sont pas nommés.
7. Est-ce que la sympathie de l'auteur va à la dame ou à son mari ? Comment le savez-vous ?

---

[11] *en rustre* : comme un homme grossier.
[12] *celer* : cacher.

ais

réalistes

LE CHAITIVEL

I

IL M'EST VENU L'ENVIE DE RAPPELER UN LAI dont j'ai entendu parler. Je vous nommerai la ville où on l'a fait et dirai toute l'aventure, ainsi que les circonstances de son titre. On l'appelle le plus souvent «Le Chaitivel»,[1] mais quelques gens l'appellent «Les Quatre Deuils».

A Nantes en Bretagne, demeurait une dame très distinguée qui 5 avait une beauté, une éducation remarquables. Il n'y avait en la contrée aucun chevalier d'un peu de mérite qui ne l'aimât et ne la priât d'amour, après l'avoir vue une seule fois. Elle ne pouvait aimer tous ces hommes et, cependant, elle ne voulait causer leur mort.

Mieux vaudrait parler d'amour à toutes les femmes d'un pays que 10 d'arracher un fou à ses pensées, car il réagit promptement avec des coups ; une dame, elle sait bon gré à celui qui lui fait la cour ; ainsi, même si elle ne veut pas l'écouter, elle ne lui dit pas de paroles blessantes, mais l'honore, le chérit, le remercie, le sert volontiers. La dame en ques⁄

---

[1] *chaitivel* : pauvre malheureux.

tion, si recherchée pour sa beauté, pour ses mérites, les chevaliers l'ont courtisée nuit et jour.

   Il était en Bretagne quatre barons ; encore très jeunes, ils étaient beaux, preux, vaillants, courtois, généreux, hommes de grand mérite 5 et de haute naissance. Tous les quatre aimaient la dame ; chacun faisait de son mieux pour obtenir l'amour de la dame, chacun mettait tous ses efforts à la prier d'amour ; nul n'avait lieu[2] de croire qu'il réussissait plus que l'autre.

   La dame était douée de bon sens : elle s'est mise à réfléchir pour 10 décider lequel des quatre serait le meilleur à aimer. Tous étaient de telle valeur qu'elle ne pouvait choisir le meilleur. Alors, ne voulant pas perdre trois pour un, elle faisait bon accueil à tous, elle leur donnait des gages d'amour, elle leur envoyait ses messagers.

   Chacun connaissait la situation, mais aucun d'eux ne parvenait à 15 se détacher de la dame, car ils conservaient tous l'espoir de l'emporter sur les autres. Pour plaire à la dame, chacun s'efforçait d'être le premier dans les tournois, chacun employait son nom comme cri de ralliement ; tous portaient son gage d'amour (anneau, manche, gonfanon[3]), tous la tenaient pour amie.

20   Elle les a aimés et gardés à son service d'amour jusqu'au jour après Pâques où l'on a annoncé, devant la ville de Nantes, un tournoi. Pour faire la connaissance des quatre amants, là sont venus d'autres pays Franciens,[4] Normands, Flamands, Brabançons,[5] Boulonnais,[6] Angevins,[7] et leurs proches voisins. Ces gens y sont restés tranquilles long- 25 temps. Le jour du tournoi, ils sont allés à l'assaut les uns des autres.

   Les quatre amants se sont armés et sont sortis de la ville ; leurs hommes les ont suivis, mais le poids des opérations reposait sur les

---

   [2] *lieu* : ici, de raison.

   [3] *gonfanon* : bannière de guerre.

   [4] *Francien* : habitant de l'ancienne province de l'Ile-de-France.

   [5] *Brabançon* : de la province de Brabant (Belgique).

   [6] *Boulonnais* : de la région de Boulogne.

   [7] *Angevin* : de l'ancienne province d'Anjou.

quatre. Les assiégeants les ont reconnus à leurs bannières et leurs écus⸝
sons;[8] ils ont envoyé contre eux deux Flamands et deux Hainuyers,[9]
prêts à l'attaque; chacun désirait combattre. Les chevaliers du parti[10]
contraire non plus n'avaient aucun désir de fuir; lance baissée, en
piquant des deux,[11] on a choisi son adversaire. Le choc de la rencontre a   5
été si violent que les quatre assaillants sont tombés. Les défenseurs, les
amants ne se sont pas souciés des chevaux, qu'ils ont laissés courir sans
maîtres; ils se sont tenus aux[12] abattus. Finalement, les chevaliers qui
étaient à pied ont été secourus par leurs compagnons. A la délivrance,
il y avait une grande mêlée, maint coup d'épée donné.   10

II

La dame était dans une tour. Elle a bien distingué les siens des
autres; elle a vu le succès de ses amants; mais elle ne savait lequel elle
devait estimer le plus.

Le tournoi a commencé en bonne et due forme. Les rangs se sont
multipliés et sont devenus très épais. Ce jour⸝là, devant la ville, le tournoi   15
a été engagé maintes fois. Les quatre amants se sont si bien comportés
qu'ils ont eu le prix sur tous. A la fin du jour, quand on devait dis⸝
perser, ils se sont exposés follement loin de leurs gens; ils l'ont payé
cher, car trois ont été tués et le quatrième gravement blessé par une lance
qui lui a traversé la cuisse; ils ont trouvé leur perte, dans une attaque   20
par le flanc. Les assaillants ne leur ont pas fait de mal exprès: dans leur
remords, ils ont abandonné aux champs leurs écus.[13]

Les cris se sont élevés bientôt; jamais on n'a entendu telle douleur.
Les gens de la ville y ont accouru, sans penser au danger. Pour marquer

---

[8] *écusson*: «escutcheon».

[9] *Hainuyer*: de la province de Hainaut (Belgique).

[10] *parti*: ici, corps de troupe.

[11] *piquer des deux*: donner vivement de l'éperon à un cheval.

[12] *se tenir à*: rester avec.

[13] *écu*: «shield».

leur douleur, environ deux milliers d'hommes ont délacé[14] leur ventaille,[15] tiré leur barbe et leurs cheveux ; ils sentaient une perte commune. On a mis chacun des quatre amants sur son écu, puis on les a portés à la dame qui les aimait tant.

5   Quand elle a appris l'aventure, elle est tombée évanouie. Revenue de sa pâmoison,[16] elle a regretté chacun en l'appelant par son nom.

«Hélas, dit-elle, que ferai-je ? Jamais plus je ne serai heureuse ! J'aimais ces quatre chevaliers et je les désirais tous. Comme leurs mérites étaient grands ! Ils m'aimaient sur toute autre personne. Attirée par leur

10   beauté, leur prouesse, leur valeur, leur générosité, j'ai encouragé leur amour. Je ne veux pas les perdre tous, même pour en prendre un. Je ne sais lequel je dois plaindre le plus, mais je ne peux me cacher ceci : l'un est blessé, les trois autres sont morts, et je n'ai rien au monde pour me réconforter. Je ferai enterrer les morts. Si le blessé peut être guéri, je m'en

15   occuperai volontiers et lui trouverai un bon médecin.»

Elle a fait porter le blessé à sa chambre. Puis avec tendresse, elle a fait habiller noblement et richement les autres ; dans une abbaye importante, enrichie par elle, elle les a fait ensevelir. Que Dieu leur soit miséricordieux ! Elle a mandé des médecins sages auprès du blessé, qui

20   est resté dans sa chambre jusqu'au jour de sa guérison. Elle lui rendait visite souvent et le réconfortait bien ; mais elle regrettait toujours les trois autres, pour qui elle menait grand deuil.

III

Un jour d'été, après avoir mangé, la dame parlait au chevalier. Se souvenant de sa grande douleur, elle a baissé la tête et le visage ; forte-

25   ment elle a commencé à réfléchir. Lui, il l'a regardée et a remarqué qu'elle pensait. Et doucement il lui a adressé la parole :

«Dame, vous êtes en émoi ! A quoi pensez-vous ? Dites-le-moi ! Abandonnez votre douleur : vous devriez bien vous réconforter !

---

[14] *délacer* : défaire.

[15] *ventaille* : partie mobile du haubert («hauberk») qui protège la gorge et le menton.

[16] *pâmoison* : «swoon».

—Ami, dit-elle, je pensais et me rappelais vos compagnons. Jamais plus, une dame de ma naissance—tant soit belle, prude[17] ou sage— n'aimera à la fois quatre tels, ni ne les perdra tous le même jour, sauf vous qui avez été blessé et en grand danger de mourir. Puisque je vous ai aimés tellement, je veux que ma douleur soit rappelée ; de vous quatre   5
je ferai un lai et je l'appellerai «Les Quatre Deuils.»

Le chevalier a répondu hâtivement :

«Dame, faites le nouveau lai et appelez-le «Le Chaitivel» ! Voici pourquoi il doit avoir ce titre : depuis quelque temps les autres sont morts ; ils ont terminé leur vie et la grande peine dont ils ont souffert   10
pour l'amour de vous. Mais moi, je suis échappé vif ; cependant je suis éperdu et malheureux, car, matin et soir, celle que j'aime le plus au monde va, vient, me parle souvent et je ne puis avoir la joie de la baiser ni la tenir ni autre chose que de lui parler. Vous me faites souffrir cent maux. Je préférerais subir la mort ! Ainsi le lai doit recevoir mon nom :   15
il sera appelé «Le Chaitivel». Celui qui l'appellera «Les Quatre Deuils» changera son propre nom.

—Par ma foi, dit-elle, cela me plaît. Appelons-le alors «Le Chai- tivel.»

Ainsi on a commencé, terminé et publié le lai. Quelques-uns de   20
ceux qui l'ont mis en circulation l'ont appelé «Les Quatre Deuils» ; chacun des titres y convient, car la matière le demande ; on l'appelle communément «Le Chaitivel».

Cette histoire se termine ici ; il n'y a plus. Je n'ai pas entendu davantage et je n'en sais plus ; ainsi je ne vous conte plus.   25

QUESTIONS

SECTION I:

1. Pourquoi ne doit-on pas arracher un fou à ses pensées ?
2. Pourquoi la dame ne peut-elle pas choisir entre les quatre chevaliers ?

---

[17] *prude* : vaillant ; sage ; «upright».

3. Que font les quatre chevaliers pour plaire à la dame?

4. Quelles nationalités sont représentées au tournoi?

5. Le premier jour du tournoi, qu'est-ce qui arrive aux quatre amis de la dame?

SECTION II:

6. Que fait la dame pendant la première rencontre des chevaliers?

7. Quelle folie est commise par les quatre amants à la fin de la journée?

8. Quelle est la cause des cris de douleur entendus dans la ville?

9. Pourquoi la dame se tourmente-t-elle?

10. Où soigne-t-elle le blessé?

SECTION III:

11. Pourquoi la dame veut-elle faire un lai?

12. Quel titre propose le chevalier?

13. Quel est le problème posé dans ce conte?

14. Dans ce débat, qui est le plus à plaindre? Expliquez.

LES DEUX AMANTS

I

IL EST ARRIVÉ JADIS EN NORMANDIE l'aventure souvent racontée de deux jeunes gens qui s'entr'aimaient et qui sont morts de cet amour. Les Bretons en ont fait le lai qu'on appelle «Les Deux Amants».

En Neustrie, que nous appelons aussi Normandie, il y a une montagne extrêmement haute : ces deux personnes gisent sur le sommet. 5
Près de ce mont, en y vouant ses soins et son attention, le roi des Pitrois avait fait construire une ville ; du nom de son peuple il l'avait appelée Pitre. Le nom est toujours resté depuis. La ville, les maisons existent encore, et la contrée porte le nom de Val de Pitre.

Le roi avait une fille qui était belle et courtoise, et il n'avait qu'elle ; 10
il l'aimait et la chérissait grandement. De riches hommes l'ont demandée qui l'eussent volontiers prise ; mais le roi ne voulait la donner à personne, il ne pouvait pas se priver d'elle. Le roi n'avait pas d'autre recours ; nuit et jour il était près d'elle ; seule elle pouvait le consoler d'avoir perdu la reine. Plusieurs le lui reprochaient ; même les siens l'en 15
blâmaient.

25

Apprenant qu'on en parlait, il était très dolent[1] et fâché. Il a cherché alors comment il pourrait détourner les demandes pour la main de sa fille. Près et loin, il a annoncé ceci que devait connaître quiconque voulait l'avoir : qu'il fallait, pour conquérir sa fille, la porter entre ses 5 bras hors de la ville jusqu'au sommet de la montagne, sans se reposer.

Quand la nouvelle a été connue, beaucoup sont venus et s'y sont essayés, sans réussir. Tant s'efforçaient quelques-uns qu'ils la portaient jusqu'à mi-hauteur de la montagne, mais ils ne pouvaient aller plus loin. En sorte qu'elle est restée longtemps à donner sans que nul se 10 présentât pour la prendre.

Dans le pays il y avait un jeune homme noble et bien fait, fils d'un comte. Il s'efforçait toujours, pour augmenter sa valeur, de l'emporter sur tous. Il fréquentait la cour et s'était épris[2] de la fille du roi. Maintes fois il la priait de lui accorder son amour. Comme il était preux et cour- 15 tois et que le roi l'estimait beaucoup, elle lui a donné ce qu'il voulait, et lui l'en a remercié humblement. Souvent ils parlaient ensemble, et loyalement s'entr'aimaient, et prenaient des précautions pour ne pas être découverts. La contrainte leur faisait du mal, mais le jeune homme pensait qu'il préférait souffrir des maux que trop hâter et alors échouer. 20 C'était pour lui situation bien amère.

Un jour le jeune homme si beau, si sage, si preux est venu chez son amie. Il a fait plainte. D'une façon pressante, il l'a suppliée de s'en aller avec lui : il ne pouvait plus supporter l'ennui d'être privé d'elle. S'il la demandait à son père, il savait bien que le roi l'aimait tant qu'il 25 ne la lui donnerait pas, à moins qu'il ne la portât entre ses bras jusqu'au sommet de la montagne.

La demoiselle a répondu :

« Ami, je sais bien que vous ne pourriez pas m'y porter ; vous n'êtes pas assez fort. Mais si je m'en allais avec vous, mon père en aurait deuil 30 et colère, et sa vie ne serait plus qu'un martyre. Certes, je l'aime tant que je ne voudrais point le mettre en colère.

Or il faut prendre une autre décision, car je ne veux pas entendre

---

[1] *dolent* : triste ; plaintif.
[2] *s'éprendre* : être saisi de passion pour quelqu'un.

parler de celle-ci. J'ai une parente à Salerne:[3] c'est une femme riche, qui a de très grands revenus. Elle est là-bas depuis trente ans. Elle a tant pratiqué l'art de médecine qu'elle connaît bien les herbes et les racines; elle est très experte en remèdes.

Allez vers elle, remettez-lui une lettre de ma part, contez-lui notre aventure. Elle prendra des mesures pour vous aider. Elle vous donnera tels électuaires[4] et telles boissons que vous en serez tout réconforté et que vous aurez une force merveilleuse.

Alors, quand vous serez de retour dans ce pays, vous me demanderez à mon père. Il vous tiendra pour un enfant, et vous dira sa stipulation: qu'il faut me porter au sommet de la montagne entre vos bras sans vous reposer. Accordez-le-lui, puisque c'est nécessaire.»

Lorsqu'il entendit les paroles et le conseil de son amie, le jeune homme fut très joyeux, et il l'en a remercié. Puis il a pris congé.

Il s'en est retourné à son pays. Hâtivement il s'est pourvu de vête- ments riches et d'argent, de palefrois[5] et de bêtes de somme. Il est parti avec des amis intimes. Arrivé à Salerne, il s'est présenté à la tante de son amie. Il lui a donné une lettre de sa part. Elle l'a lue d'un bout à l'autre, puis elle l'a interrogé tant qu'elle a tout appris.

Alors elle l'a fortifié par des remèdes. Elle lui a confié une boisson telle qu'il ne serait jamais si fatigué, si exténué, si chargé qu'elle ne lui rafraîchît tout son corps, même les veines et les os, et qu'il ne recouvrât toute sa force, aussitôt qu'il aurait bue. Il a mis la boisson dans une fiole,[6] puis l'a remportée en son pays.

II

Le jeune homme, très joyeux, n'a fait que passer par son propre pays. Il est allé demander sa fille au roi: il voulait essayer de la porter

---

[3] *Salerne*: ville en Italie, célèbre de bonne heure pour son école de médecine.

[4] *électuaire*: remède.

[5] *palefroi*: cheval de parade.

[6] *fiole*: petit flacon de verre.

jusqu'au sommet de la montagne. Le roi ne l'a pas éconduit, mais il tenait sa demande à grande folie, parce qu'il était tout jeune : tant de vaillants prud'hommes ont déjà essayé, qui n'ont pu aboutir. Pourtant il lui a fixé un jour. Puis il a mandé ses hommes, ses amis, tous ceux qu'il pouvait toucher.

Pour voir l'épreuve du jeune homme, on est venu de tous côtés. La demoiselle s'y est appliquée : elle s'est privée, elle a jeûné, et s'est amaigrie beaucoup pour peser moins lourd, car elle voulait aider son ami.

Au jour fixé, le jeune homme est arrivé le premier, portant la fiole qui contenait sa potion. Dans la prairie, vers la Seine, où tous étaient assemblés, le roi a amené sa fille. Elle ne portait de vêtement que sa chemise, afin d'être plus légère.

Le jeune homme l'a prise dans ses bras ; il lui a donné, en toute confiance, la petite fiole pour qu'elle la portât. Mais il allait retirer peu de profit du breuvage, car cet homme ne connaissait pas la modération.

Il s'est mis en route, à grande allure, la serrant contre lui. Il a grimpé la montagne jusqu'au mi-chemin. Dans la joie qu'il avait de la tenir, il ne s'est plus souvenu du breuvage ; mais elle a senti qu'il se fatiguait.

«Ami, dit-elle, buvez donc ! Je sais bien que vous vous épuisez. Renouvelez votre force !»

Le jeune homme a répondu :

«Ma belle, je sens mon cœur battre très fort. Je ne m'arrêterai à aucun prix assez longtemps pour boire tant que je pourrai faire encore trois pas. La foule s'écrirait, le bruit m'étourdirait, tout cela aurait tôt fait de me gêner. Je ne veux pas m'arrêter ici.»

Quand il eut monté les deux tiers, il a failli tomber. La jeune fille l'a supplié à plusieurs reprises :

«Ami, buvez le remède.»

Il n'a pas voulu l'entendre ni croire. A grande angoisse il a continué son chemin. Il s'est efforcé tant qu'il est arrivé en haut ; mais là il est tombé et ne s'est plus relevé : son cœur s'est brisé dans son ventre.

La jeune fille a regardé son ami, a cru qu'il s'était évanoui. Elle s'est mise à genoux à côté de lui, a voulu lui donner le breuvage ; mais il ne pouvait pas lui répondre. Il était mort, comme je vous l'ai dit.

Elle l'a regretté à très grands cris. Puis elle a vidé la fiole qui contenait la boisson. La montagne s'en est arrosée largement; tout le pays et la contrée en ont été amendés :[7] depuis, mainte bonne herbe y a poussé, à cause du breuvage.

Revenons à la jeune fille. Depuis la perte de son ami, elle était extrêmement dolente. Elle s'est couchée à ses côtés, l'a étreint entre ses bras, lui a baisé souvent les yeux et la bouche. Le deuil s'est enfoncé dans son cœur. Et là est morte la demoiselle qui était si belle, si prude, si sage.   5

Le roi et ceux qui attendaient, voyant qu'ils ne revenaient pas, sont montés les chercher; ils les ont trouvés morts. Le roi est tombé évanoui à   10
terre. Quand il a pu parler, il a mené grand deuil; ainsi a fait la foule autour de lui.

Il les a gardés trois jours près de lui. Puis il a envoyé chercher un cercueil de marbre; on a mis dedans les deux jeunes gens. Sur le conseil de ceux qui étaient là, on a enterré les deux sur la montagne. Et chacun   15
est rentré chez soi.

A cause d'eux, la montagne porte le nom de «mont des deux amants». Tout s'est passé comme je l'ai dit. Les Bretons ont fait un lai de l'aventure.

QUESTIONS

SECTION I:

1. Où se passe cette aventure?
2. Que pensez-vous du désir du roi de garder sa fille chez lui?
3. L'épreuve qu'il exige pour la main de sa fille vous semble-t-elle juste? Expliquez.
4. Quelle décision prend la fille?
5. Que préfère son ami?
6. Pour quelle raison le jeune homme va-t-il à Salerne?

---

[7] *amender*: rendre meilleur, plus fertile.

SECTION II:

7. Comment le roi réagit-il à la demande du jeune homme?
8. A-t-elle montré de l'intelligence quand elle s'est préparée à aider son ami? Comment?
9. Qu'est-ce qui cause vraiment la mort des deux amants?
10. Où place-t-elle la boisson?
11. Où va-t-on enterrer les deux personnes?
12. Quel était le grand défaut de ce jeune homme?
13. Qu'est-ce qui fait le pathétique de cette légende?

ẼQUITAN

I

COMME ILS ÉTAIENT NOBLES, les Bretons de Bretagne! Jadis, par
courtoisie, par prouesse et par noblesse, ils faisaient des lais pour préser-
ver de l'oubli quelques aventures. J'ai entendu conter un lai remarqua-
ble qui traite d'Equitan, seigneur de Nantes, juge et roi très courtois.

Il jouissait de l'affection et de l'estime de ses sujets. Il aimait le plaisir   5
et l'amour; ainsi il maintenait l'esprit de la chevalerie. Ils se négligent
eux-mêmes, ceux qui n'observent ni sagesse ni mesure dans l'amour;
mais la mesure de l'amour, c'est que chacun y perd la tête.

Le sénéchal[1] d'Equitan était un bon chevalier, preux et loyal; il
surveillait toute la terre du roi, la gouvernait, la gardait très bien. Sauf pour   10
faire la guerre, le roi n'abandonnait pas la chasse ni ses autres plaisirs,
quelques grands que fussent les cas d'urgence[2] qui se présentaient.

---

[1] *sénéchal*: officier féodal, commandant supérieur des armées, en l'absence de son
seigneur, et chargé de diriger les affaires financières et judiciaires de son maître.

[2] *quelques grands que fussent les cas d'urgence*: «however great were the emergencies».

31

L'épouse du sénéchal a porté, par la suite,[3] du malheur au pays. Elle était extrêmement belle et d'une éducation très bonne; elle avait le corps beau, la taille bien faite, les yeux gris, le visage beau, la bouche belle, le nez bien assis. Nature avait travaillé fort pour la former: dans le
5 royaume, elle n'avait pas de pair.

Le roi avait souvent entendu chanter les louanges de la dame. Fréquemment il la saluait de loin; il lui envoyait de ses biens. Sans l'avoir vue, il la convoitait, et il voulait lui parler le plus tôt possible.

Pour se délasser seul, il est allé chasser près du château du sénéchal.
10 La nuit le roi s'est logé chez son serviteur et sa femme; quand il est re‚ venu de la chasse, il a parlé à la dame, et lui a montré son cœur et ses mérites.

Il l'a trouvée très courtoise, sage, belle de corps et de visage, gaie, riante; alors Amour l'a conquis. Cupidon lui a lancé une flèche qui a fait
15 des ravages dans son cœur. L'expérience et le bon sens n'ont plus compté pour rien: par la dame il était si tourmenté qu'il restait pensif et mélan‚ colique; il était obligé de s'abandonner entièrement à sa préoccupation; il n'avait aucune défense. La nuit il ne dormait ni ne se reposait. Il se blâmait et se grondait.

20 «Hélas, dit‚il, quelle destinée m'a fait venir dans ce pays? Pour cette dame, j'ai le cœur angoissé. Je me vois obligé de l'aimer. Et si je l'aime, je ferai du mal: elle appartient au sénéchal; je dois lui témoigner foi comme je veux qu'il le fasse envers moi. Si, par hasard, il savait ma trahison, il en serait bien affligé. Cependant ce serait pire si j'étais
25 détruit. Quel malheur si une dame si belle n'aime pas ou n'a pas d'amant! Que deviendrait sa courtoisie si elle n'aimait pas véritable‚ ment? Il n'est homme mortel qui ne bénéficierait pas beaucoup de son amour. Et le sénéchal ne doit pas être trop affligé s'il s'en rend compte: il ne peut la garder pour lui seul. Certes, je veux la partager avec lui.»

30 Quand il eut dit cela, il a poussé un soupir; après il s'est couché et s'est mis à réfléchir encore. Puis il a dit:

«De quoi suis‚je troublé? Je ne sais encore, je n'ai jamais su, si elle

---

[3] *porter par la suite*: faire venir plus tard.

m'accordera son amour; mais je vais le savoir bientôt. Si elle a senti ce
que je ressens, je n'aurai plus cette douleur. Hé, Dieu! Le jour vient si
lentement. Le repos m'est impossible. Que le temps a été long depuis
hier soir que je me suis couché!»

Le roi a veillé jusqu'au jour; il l'a attendu impatiemment. Enfin,   5
il s'est levé et est parti pour chasser. Mais bientôt il a pris le chemin de
retour, disant qu'il était trop fatigué; il est entré dans sa chambre et
s'est recouché.

Le sénéchal était accablé de tristesse: il ne connaissait pas la nature
du mal qui donnait des frissons au roi; il ignorait que sa femme en   10
était la cause.

Pour se distraire, le roi a fait venir la dame. Il lui a découvert son
cœur et lui a appris qu'il mourait pour elle: sa vie ou sa mort dépendait
d'elle.

«Sire, la dame a dit, il faut me donner du temps pour réfléchir. De   15
prime abord,[4] je me sens perdue. Vous êtes roi et de grande noblesse;
vous ne devez vous permettre d'aimer une femme de mon rang. Votre
désir une fois satisfait, j'en suis sûre, vous m'abandonneriez vite, et moi,
je serais blâmée. Si je me pliais à votre demande et vous aimais, l'amour
entre nous deux ne serait pas également partagé: vous êtes un roi puis-   20
sant et mon mari est votre homme-lige;[5] alors vous croiriez, je pense,
prétendre à mon amour comme au droit d'un seigneur. L'amour qui
n'est pas égal ne vaut rien. Mieux vaut un homme pauvre mais fidèle,
pourvu qu'il ait du sens et des mérites, et plus grande est la joie de son
amour que de l'amour d'un prince ou d'un roi auquel la loyauté   25
manque. Celui qui aspire à aimer plus hautement que sa richesse n'in-
dique, il a tout à craindre. Et l'homme puissant, qu'il se méfie pour sa
part qu'on ne lui vole son amie, s'il veut l'aimer de droit.»

Equitan a répondu:

«Dame, de grâce![6] Ne dites pas cela! Ce ne sont pas des cour-   30

---

[4] *de prime abord*: dès le premier instant.

[5] *homme-lige*: vassal.

[6] *de grâce*: je vous en supplie.

tois mais plutôt des gens qui montrent l'esprit de commerce des bour-
geois, ceux qui pour acquérir des biens se tournent vers quelque chose
d'indigne. Sous le ciel, il n'y a pas de femme, si elle est sage, courtoise et
franche, qui ne serait courtisée par un prince riche et aimée loyalement,
5   pourvu qu'elle estime son amour hautement et qu'elle ne soit pas incons-
tante, même si elle ne possède que son manteau. Ceux qui sont in-
constants en amour, qui s'appliquent à tricher, ils sont trompés ; nous en
avons vu de tels. Il n'est pas étonnant de voir perdre quelqu'un qui le
mérite par ses actes. Ma chère dame, je me donne à vous : ne me tenez
10 pas pour votre roi mais pour votre ami et homme-lige. Je vous jure que
je ferai tout ce que vous voulez. Ne soyez pas la cause de ma mort. Que
vous soyez dame et moi serviteur ; vous orgueilleuse et moi suppliant.»

   Tant le roi lui a parlé et tant lui a crié merci qu'enfin elle lui a promis
son amour et lui a octroyé[7] son corps. Par un échange d'anneaux, ils se
15 sont engagés mutuellement leur foi ; ils l'ont tenue un certain temps et
se sont aimés bien, puis ils en sont morts.

II

   Leur amour a duré longtemps sans être découvert. Quand ils voulaient se réunir, le roi faisait dire à ses gens qu'il se faisait saigner seul.
On fermait alors les portes de la chambre et personne n'osait y entrer.
20 C'était le sénéchal qui tenait cour, qui entendait les procès et les plaintes
en justice.[8]

   Le roi a aimé la dame longtemps sans désirer d'autre femme. Il n'a pas
voulu se marier, ni même en entendre parler. Ses gens en étaient si mal-
contents que la femme du sénéchal l'a appris ; elle en était fâchée et crai-
25 gnait de perdre son amant. Quand elle aurait pu lui parler, lui témoigner
de la joie, le baiser, l'embrasser, l'étreindre et jouer avec lui, elle a pleuré

---

[7] *octroyer* : concéder, accorder.
[8] *plainte en justice* : «complaint at law».

fortement et mené grand deuil. Le roi a demandé ce que cela signifiait. La dame a répondu:

«Sire, je pleure notre amour qui tourne à grande douleur: vous prendrez femme, fille d'un roi, et vous me quitterez; souvent je l'ai entendu dire et je le sais bien. Et moi, hélas, que deviendrai-je? Vous   5
causerez ma mort, car je ne connais d'autre réconfort.»

Très tendrement, le roi a dit:

«Belle amie, n'ayez pas peur! Certes je ne prendrai pas femme et je ne vous abandonnerai pas pour une autre. Sachez bien ceci: si votre mari n'était plus là, je vous ferais reine, contre le gré de n'importe qui.»   10

La dame l'a remercié et a dit qu'elle lui était reconnaissante et, ayant été rassurée de sa fidélité, elle prendrait des mesures pour hâter la mort de son mari. Ce serait facile à faire, s'il voulait l'aider. Le roi a répondu qu'il le ferait: elle ne lui proposerait rien qu'il ne le fît pas à son pouvoir, que cela tournât mal ou bien.   15

«Sire, dit-elle, s'il vous plaît, venez chasser dans mon pays; logez-vous dans le château de mon seigneur. Faites-vous saigner et, au troisième jour, baignez-vous; mon mari se fera saigner aussi et il se baignera avec vous. Ne manquez pas de lui dire de vous tenir com-pagnie! Moi, je ferai chauffer l'eau et apporter les deux cuves;[9] je ferai   20
son eau si chaude et bouillante qu'on y sera échaudé[10] avant de pouvoir s'y asseoir. Quand il sera échaudé à mort, faites venir vos hommes et les siens; montrez-leur comment il est mort soudainnement dans le bain.»

Le roi a dit qu'il ferait ce qu'elle désirait.   25

Moins de trois mois plus tard, le roi est allé chasser dans le pays. Il s'est fait saigner pour son mal, le sénéchal également. Au troisième jour il a dit qu'il voulait se baigner; le sénéchal voulait le faire aussi.

«Vous vous baignerez, dit-il, avec moi.

—Certes,» dit le sénéchal.   30

---

[9] *cuve*: récipient large qui sert à la toilette.
[10] *échauder*: brûler avec un liquide chaud.

La dame a fait chauffer l'eau et apporter les deux cuves. Devant le lit elle les a placées, comme c'était convenu. Puis elle a fait apporter l'eau bouillante dans laquelle le sénéchal devait entrer.

Le prud'homme s'était levé et était sorti pour se distraire. La dame
5 est venue parler au roi; il l'a mise à ses côtés sur le lit du seigneur où il a pris son plaisir d'elle. Ils sont restés là, derrière les cuves. Une jeune fille gardait la porte.

Le sénéchal est revenu en hâte, il a poussé contre la porte que la servante tenait ferme, il a frappé dans un tel accès de colère que la porte
10 s'est ouverte. Il a trouvé sa femme et le roi étroitement liés l'un à l'autre dans le lit.

Tout de suite, pour cacher sa vilenie, le roi a sauté, pieds-joints, tout nu dans la cuve. Là il est mort échaudé. Sur lui est retombé le mal, tandis que l'autre était sain et sauf.

15 Le sénéchal a bien vu ce qui était arrivé au roi; saisissant sa femme sur-le-champ, il l'a plongée, tête en avant, dans l'autre cuve. Ainsi sont-ils morts tous deux, le roi d'abord et puis la dame.

Celui qui voudrait être sensé pourrait y trouver une leçon: si l'on cherche à faire du mal à autrui, le mal retombe tout sur soi.

20 Ces choses se sont passées comme je vous les ai dites; les Bretons en ont fait un lai—le lai «d'Equitan», comment sont morts lui et la dame qui l'aimait tant.

QUESTIONS

SECTION I:

1. Comment le roi de Nantes passe-t-il son temps?
2. Décrivez l'épouse de son sénéchal.
3. Quel prétexte emploie le roi pour voir la dame?
4. Qui est Cupidon?
5. Pourquoi le roi ne peut-il dormir?

6. Quelle est la réaction de la dame à l'offre d'amour du roi? Est-elle convaincante, selon vous?

7. Comment le roi a-t-il pu la convaincre?

SECTION II:

8. Que fait dire le roi pour être seul avec la dame?

9. Que pensent les gens de la conduite du roi?

10. De quoi la dame a-t-elle peur?

11. Qu'est-ce qu'elle conseille au roi de faire?

12. Pourquoi le sénéchal ne peut-il pas entrer tout de suite dans sa maison?

13. Qu'est-ce que le roi a fait, à l'entrée du sénéchal?

14. Quelle est la leçon de cette histoire?

15. Pourquoi, selon vous, est-ce que l'auteur est si dur pour la dame?

16. Que pensez-vous du dénouement?

FRÊNE

I

Je vous raconterai le lai du «Frêne»[1] selon le conte que je con‑
nais.

En Bretagne vivaient jadis deux chevaliers dont les propriétés se
touchaient. C'étaient deux hommes riches, puissants, preux et vaillants.
Chacun avait pris femme. Une de ces dames est devenue enceinte. Au
jour de sa délivrance, elle a eu deux enfants. Son mari en était très
joyeux. Dans sa joie il a fait part à son bon voisin que sa maison s'était
accrue : sa femme venait de lui donner des jumeaux ;[2] il l'a prié d'en
tenir un sur les fonts baptismaux, en tant que parrain,[3] et de lui donner
son nom.

Le voisin était à table. Voici le messager qui est arrivé. Il s'est
agenouillé devant la table et a dit son message. Le sire a remercié Dieu,
et a donné au messager un bon cheval. Mais sa femme, qui était assise à

---

[1] *frêne* : «ash tree».

[2] *jumeau* : «twin».

[3] *parrain* : «godfather».

table à côté de lui, a ri de la nouvelle, car elle était sournoise,[4] orgueil
leuse, médisante, envieuse.

Elle a dit très follement, en présence de tous ses gens :

«Par Dieu, je m'émerveille que ce prud'homme ait révélé à mon
seigneur ce qui le honnit[5] et le déshonore. Sa femme a eu deux fils ?   5
Lui et sa femme en sont honnis. Nous savons bien ce qu'il en est :
jamais il n'est advenu ni n'adviendra qu'en une seule grossesse[6] une
femme porte deux enfants, si deux hommes ne les lui ont faits.»

Son sire l'a regardée avec colère et l'a réprimandée :

«Laissez cela ! Vous ne devez pas parler ainsi ! La vérité est que cette   10
dame a toujours eu bonne réputation.»

Les gens de la maison ont rapporté le propos. Il a été répété et
répandu dans toute la Bretagne. Toutes les femmes qui l'ont entendu,
pauvres ou riches, l'ont prise en haine ; elle même devait plus tard en
être malheureuse.   15

Le messager a tout raconté à son seigneur. Celui ci en était affligé,
il ne savait que faire ; il a pris en haine sa prude femme, l'a soupçonnée
durement, et l'a persécutée beaucoup sans qu'elle l'eût mérité.

La même année, la dame qui avait médit est devenue enceinte. A
son terme, elle a mis au monde deux filles. Voilà sa voisine vengée et   20
elle bien affligée ! Elle se lamentait :

«Hélas, que ferai je ? Plus d'estime et d'honneur pour moi ! Je suis
honnie, c'est vérité. Mon sire et ses parents, dès qu'ils entendront la
nouvelle, se détourneront de moi ; car je me suis jugée moi même, en
médisant de toutes les femmes. N'ai je pas dit que jamais femme n'a eu   25
deux enfants si elle n'avait connu deux hommes ? Maintenant j'ai deux
filles et je suis dans de beaux draps.[7] Qui médit d'autrui ne sait pas ce
qui lui pend à l'oreille. Mieux vaut trop louer que médire. Pour me
défendre de la honte, il me faut mettre à mort un de ces enfants. Mieux
vaut réparer à Dieu que me déshonorer et me couvrir de honte.»   30

---

[4] *sournois* : «sly», «tricky».
[5] *honnir* : couvrir publiquement de honte.
[6] *grossesse* : «pregnancy».
[7] *dans de beaux draps :* «in a fine fix».

Celles qui étaient dans la chambre l'ont réconfortée, disant qu'elles ne permettraient pas ce meurtre: tuer n'est pas chose légère.

La dame avait une servante, fille de bonne naissance; elle l'avait prise à son service depuis longtemps, elle la chérissait beaucoup. Celle-
5 ci entendait sa dame pleurer, se plaindre, gémir et elle en éprouvait[8] grande angoisse. Elle s'est approchée et l'a réconfortée ainsi:

«Dame, fait-elle, laissez ce deuil; cela ne vaut rien. Donnez-moi une des filles. Je vous en débarrasserai, si bien que vous n'en serez jamais honnie et que vous ne la reverrez plus. Je la déposerai saine et sauve
10 dans un couvent. Quelque prud'homme la trouvera et l'élèvera, s'il plaît à Dieu.»

La dame a entendu ces paroles avec grande joie; elle lui a promis une bonne récompense, si elle lui rendait ce service.

Elles ont enveloppé l'enfant dans un morceau de très bonne étoffe,
15 et l'ont recouvert d'une soie décorée d'ornements en forme de roues; le mari de la dame l'avait rapportée jadis de Constantinople—on n'a jamais vu la pareille. Avec un morceau de fil, la mère lui a lié un gros anneau au bras. Il pesait bien une once d'or fin, portait un rubis au chaton,[9] et l'anneau était gravé d'une inscription. Ainsi celui qui
20 trouvera la petite fille saura qu'elle est de noble race.

La jeune fille a pris l'enfant, elle est sortie de la chambre; puis le soir, quand la nuit était tombée, elle est sortie de la ville. Elle est entrée dans un grand chemin qui la menait à la forêt, l'a suivi au milieu du bois jusqu'à la lisière.[10] Bien loin à droite, elle a entendu aboyer des
25 chiens et chanter des coqs; de ce côté il y avait quelque ville. Elle s'est hâtée vers l'aboiement des chiens.

Elle est entrée ainsi dans une ville magnifique; là se trouvait une abbaye très riche et bien pourvue où des nonnains vivaient sous la garde d'une abbesse. La jeune fille a vu l'église, ses tours, ses murs, et ses clo-
30 chers. Elle y a couru hâtivement. Elle s'est arrêtée devant la porte. Elle a

---

[8] *éprouver*: ici, ressentir.
[9] *chaton*: «ring mount».
[10] *lisière*: limite, bord.

posé l'enfant à terre, s'est agenouillée très humblement et a fait sa prière:
«Sire Dieu, par ton nom sacré, si c'est ta volonté, garde cette enfant
de la mort.»

Quand elle a ainsi prié, elle a regardé autour d'elle. Elle a vu un large
frêne, bien fourni en feuilles et en rameaux, et dont la souche se divisait   5
en quatre ramifications. On l'avait planté là pour avoir de l'ombre.
Elle a pris l'enfant dans ses bras, est venue à l'arbre, et l'a placée dans la
fourche.[11] Elle l'a recommandée au vrai Dieu, puis l'a laissée. Et elle
est retournée conter à sa dame tout ce qu'elle avait fait.

II

Dans l'abbaye il y avait un portier. Il était chargé d'ouvrir la porte   10
du couvent pour ceux qui venaient entendre le service. Cette nuit-là,
il s'est levé tôt. Il a allumé chandelles et lampes, sonné les cloches et
ouvert la porte. Il a aperçu les étoffes sur le frêne; il a cru que quelqu'un les avait volées, puis déposées là; il n'a pas fait attention à autre
chose. Au plus vite, il y est venu, il a tâté et a découvert l'enfant.   15

Il a remercié Dieu et a emporté l'enfant chez lui. Sa fille était veuve;
mais elle avait au berceau un petit enfant qui tétait[12] encore. Le prud'-
homme l'a appelée:

«Fille, dit-il, debout, debout! Allumez vite feu et chandelle! Voici
un enfant que je viens de trouver là-dehors, dans la fourche du frêne.   20
Nourrissez-le de votre lait, réchauffez-le, baignez-le!»

Elle a fait son commandement. Elle a allumé le feu, pris l'enfant,
l'a réchaufée et baignée bien, puis lui a donné de son lait. On a découvert l'anneau attaché à son bras; ils ont remarqué la richesse et la
beauté de la soie; ils ont su avec certitude qu'elle était de haute nais-   25
sance.

Le lendemain, après le service, quand l'abbesse sortait de l'église,

---

[11] *fourche*: endroit où un arbre se divise en plusieurs branches.
[12] *téter*: sucer au sein d'une femme.

le portier est allé lui parler. Il lui a conté l'aventure. L'abbesse lui a commandé d'apporter l'enfant devant elle, vêtue comme il l'avait trouvée. Le portier est revenu chez lui, a pris l'enfant, l'a montrée à l'abbesse. Elle l'a bien regardée, puis a déclaré qu'elle la ferait élever et
5   la traiterait comme sa nièce. Et elle a défendu au portier d'en dire la vérité. Elle l'a tenue elle-même sur les fonts baptismaux. Pour ce qu'on l'avait trouvée sur un frêne, on l'a nommée Frêne.

III

La dame la traitait comme sa nièce et pendant longtemps les autres ne l'ont pas remarquée. Ainsi elle a été élevée dans le couvent. Quand
10   elle est venue à l'âge où la beauté s'épanouit, son renom s'est répandu dans toute la Bretagne : elle surpassait toutes les autres filles en beauté et en courtoisie. Elle était franche, bien élevée, avec de bonnes manières. Nul ne la voyait sans l'aimer et la priser comme une merveille.

A Dol[13] vivait un bon seigneur ; jamais meilleur n'a été ni ne sera.
15   On l'appelait Goron. Il a entendu parler de la jeune fille et s'est mis à l'aimer. Au retour d'un tournoi, il a passé par l'abbaye. Il a demandé à voir la demoiselle ; l'abbesse la lui a montrée. Il l'a trouvée si belle, si instruite, si sage, si courtoise que, s'il ne pouvait se faire aimer d'elle, il sentait qu'il serait malheureux toute sa vie.
20   Comment faire ? Il était comme égaré. Car s'il revenait trop souvent, l'abbesse s'en apercevrait, et jamais plus il ne verrait la jeune fille. Puis il s'est avisé d'une chose : accroître l'abbaye. Il lui donnerait de si grandes terres qu'il aurait toujours à s'en féliciter, car il désirait y avoir le droit de rentrer et de séjourner à son gré.
25   Donc, pour lier et entretenir l'amitié, il a donné beaucoup de son argent. Mais il avait d'autres buts que celui de l'absolution ! Il y retournait souvent pour parler à la demoiselle. Et tant il la suppliait, tant il lui promettait qu'elle lui a accordé ses faveurs.

---

[13] *Dol* : ville en Bretagne.

Quand il fut sûr de son amour, il lui a dit:

«Alors, ma belle, vous avez fait de moi votre ami. Partons ensemble!
Vous devez savoir, je pense, que si votre tante s'apercevait de tout ceci,
elle en aurait grand chagrin. Si vous deveniez enceinte auprès d'elle,
songez comme elle serait courroucée! Croyez-moi, partons ensemble.   5
Certes je ne vous manquerai jamais et je pourvoirai à tous vos besoins.»

Elle l'aimait de tout son cœur; elle a fait ce qu'il voulait. Elle l'a
suivi dans son château. Elle a emporté, dans un coffre, l'anneau et
l'étoffe de soie; de cela elle pourrait se féliciter. Jadis l'abbesse les lui
avait remis, en lui contant comment elle avait été découverte: couchée   10
dans la fourche du frêne, sans d'autres possessions que ces deux choses.

IV

Le chevalier l'aimait beaucoup et la chérissait. Et comme lui faisaient ses hommes et ses serviteurs; petit ou grand, pas un qui ne
l'aimât, ne l'honorât, ne la prisât beaucoup pour sa franchise.

Il a vécu longtemps avec elle, tellement que les chevaliers fieffés[14]   15
l'ont reproché à leur seigneur. Souvent ils lui conseillaient d'épouser
une femme noble et de se débarrasser de celle-ci; ils seraient heureux
s'il avait un héritier qui pourrait garder après lui sa terre et son grand
héritage. Mais ils seraient très malheureux s'il négligeait, pour l'amour
de cette fille, d'avoir enfant d'une épouse légitime. Ils ne voulaient   20
pas le considérer comme leur seigneur ni le servir, s'il ne cédait pas à
leur volonté. Le seigneur a consenti enfin de prendre femme selon leur
conseil, mais qu'ils s'avisassent eux-mêmes à la choisir.

«Sire, font-ils, il y a ici, près de nous, un prud'homme qui est votre
pair. Il a une fille, c'est sa seule héritière; elle vous apportera en dot un   25
vaste domaine. Elle s'appelle Coudre; dans ce pays il n'y a pas d'autre
si belle. Et figurez-vous: vous quitterez Frêne, mais vous prendrez

---

[14] *fieffé*: qui tient en fief (propriété tenue d'un seigneur, sous condition de lui prêter foi
et hommage).

Coudre en échange ! Le Frêne ne porte aucun fruit, tandis qu'il y a plaisir et profits dans le Coudrier. Nous chercherons à obtenir la jeune fille pour vous. S'il plaît à Dieu, nous vous la donnerons.»

Ils ont obtenu les consentements de toutes les parties et ont préparé le
5 mariage. Hélas ! quel malheur que personne ne connaisse l'aventure de Frêne et de Coudre, qui sont sœurs jumelles !

V

Quand Frêne a appris que son ami allait se marier, elle n'a pas changé de visage ; elle a continué à le servir bonnement et à faire bon accueil à tous ses gens. Chevaliers du palais, jeunes hommes, domes-
10 tiques, tous menaient grand deuil à la pensée de la perdre.

Au jour fixé pour les noces, le seigneur a fait venir ses amis et l'archevêque de Dol, et Coudre. Sa mère l'a accompagnée. Elle craignait que la jeune fille pour laquelle le sire avait témoigné tant d'amour ne causât des soucis, si elle le pouvait, aux fiancés. Elle saurait
15 la mettre à la porte ; elle conseillerait à son gendre de la marier à un prud'homme ; elle s'en débarrasserait, a-t-elle dit.

Les noces étaient magnifiques et joyeuses. Frêne y a assisté ; elle n'a pas laissé paraître qu'elle eût quelque dépit de ce qu'elle voyait. Autour de la dame, elle servait avec délicatesse et attention. Tous ceux qui la
20 voyaient tenaient son calme pour une grande merveille. La dame l'a observée beaucoup et l'a prisée hautement dans son cœur. Elle a dit même que si elle avait su sa façon d'être, Frêne n'aurait pas perdu, et qu'elle-même ne lui aurait pas arraché son seigneur à cause de sa fille.

Ce soir la jeune fille est allée préparer le lit de l'épouse. Elle s'est
25 défaite de son manteau. Elle a appelé les chambellans ;[15] elle leur a en-seigné comment faire le lit pour plaire au seigneur, car elle connaissait ses habitudes. Quand ils ont eu apprêté le lit, ils ont jeté dessus une

---

[15] *chambellan* : officier chargé de tout ce qui concerne le service intérieur de la chambre d'un prince.

couverture. L'étoffe en était de soie tissée[16] d'or. La demoiselle ne l'a pas trouvée assez bonne et dans son cœur elle était toute soucieuse. Elle a ouvert son coffre, a pris son tissu de soie et l'a mis sur le lit de son seigneur. Elle faisait cela pour l'honorer, car l'archevêque allait venir, selon la coutume, pour bénir les mariés.   5

La chambre une fois prête, la dame y a amené sa fille. Elle voulait la mettre elle-même dans son lit, et lui a ordonné de se déshabiller.

Mais elle a remarqué l'étoffe de soie sur le lit et l'a reconnue comme supérieure à toutes, sauf à celle qu'elle avait donnée jadis à sa fille qu'elle avait cachée. Au souvenir de cette enfant, son sang s'est figé. Elle a   10 pris à part le chambellan.

«Dis-moi, sur ta foi, où tu as trouvé cette belle étoffe.

—Dame, fait-il, vous le saurez. C'est l'autre demoiselle qui l'a apportée. Elle l'a jetée sur la couverture car celle-ci ne lui semblait pas assez belle. Je crois que l'étoffe lui appartient.»   15

La dame a envoyé chercher Frêne. Aussitôt qu'elle l'a vue, elle lui a dit:

«Belle amie, ne me cachez rien! Où a été trouvée cette belle étoffe? D'où vous vient-elle? Qui vous l'a donnée? Dites-moi de qui vous la tenez!»   20

La jeune fille lui a répondu:

«Dame, de ma tante, l'abbesse, qui m'a élevée. En me la remettant, elle m'a recommandé de la bien garder. Ceux qui m'avaient confiée à elle la lui avait donnée ainsi qu'un anneau.

—Ma belle, puis-je voir l'anneau?   25

—Oui, madame, avec grand plaisir.»

Donc elle a apporté l'anneau, et la dame l'a regardé attentivement. Elle l'a bien reconnu, ainsi que l'étoffe. Elle ne doutait plus; elle croyait, elle savait que Frêne était sa fille. Devant les autres présents, elle s'est écriée: 30

«Belle amie, tu es ma fille.»

---

[16] *tisser*: «weave».

Et de l'émotion qu'elle a ressentie, elle est tombée en arrière, évanouie.

Quand elle est revenue de sa pâmoison, elle a envoyé chercher son seigneur. Il est venu, tout effrayé; elle s'est jetée à ses pieds, l'a embrassé
5 étroitement, demandant le pardon de son méfait. Mais lui ne savait rien de l'affaire.

«Dame, fait-il, que dites-vous? Nous vivons dans une parfaite harmonie. Tout ce qu'il vous plaira, je vous le pardonne. Dites-moi votre pensée.

10 —Sire, puisque vous m'avez pardonnée, je vous dirai tout. Jadis, dans ma grande vilenie, j'ai dit des folies de ma voisine. Je l'ai calomniée à cause de ses deux enfants, et le tort est retombé sur moi. Car lorsque j'ai accouché, j'ai eu deux filles. J'ai éloigné l'une; je l'ai fait déposer près d'un couvent, enveloppée dans cette étoffe que vous
15 m'aviez donnée, portant au bras l'anneau que j'avais reçu de vous, lors de notre premier rendez-vous. Ce ne peut vous être caché: j'ai retrouvé et l'anneau et l'étoffe; j'ai retrouvé ici notre fille que j'avais perdue par ma folie. Et c'est la jeune fille si prude, si sage, si belle que le chevalier aimait avant d'épouser sa sœur.»

20 Le sire a dit:

«Je m'en réjouis! Je n'ai jamais été si heureux. Dieu nous a accordé grande grâce puisque nous avons retrouvé notre fille avant que notre péché fût doublé. Fille, fait-il, venez çà!»

La jeune fille s'est réjouie de ce qu'elle avait entendu. Et le chevalier
25 a ressenti une merveilleuse joie, quand il a appris la vérité. L'archevêque a proposé d'annuler le mariage le lendemain pour permettre au chevalier d'épouser Frêne.

Le père et la mère ont assisté aux nouvelles noces. Le père, plein de tendresse pour sa fille retrouvée, lui a accordé tout de suite la moitié de
30 son héritage. Quant à Coudre, elle a suivi ses parents dans leur pays où ils l'ont mariée richement plus tard.

Quand on a appris cette histoire, on en a fait le lai du «Frêne». Il tire son titre du nom de la dame.

QUESTIONS

SECTION I:

1. Décrivez le caractère de la voisine.
2. Comment médit-elle de la mère?
3. Comment les gens réagissent-ils à ces médisances?
4. En quoi consiste, plus tard, la vengeance de la mère?
5. Redites en d'autres mots le proverbe: «Qui médit d'autrui ne sait pas ce qui lui pend à l'oreille.»
6. De quelle façon la servante montre-t-elle son dévouement?
7. Comment saura-t-on que la fillette est de bonne race?
8. Comment la servante sait-elle qu'elle est près d'une ville?
9. Vers quel bâtiment de la ville a couru la servante?
10. Etant données les circonstances, était-il normal de choisir ce bâtiment?
11. Répétez la prière faite par la servante.
12. Où pose-t-elle l'enfant?

SECTION II:

13. Qui découvre l'enfant?
14. A qui la donne-t-il pour qu'on en prenne soin?
15. Quelles sont les seules possessions de l'enfant?
16. Qu'est-ce que l'abbesse déclare?
17. Que défend-elle au portier? Pourquoi?
18. Pourquoi nomme-t-on l'enfant Frêne?

SECTION III:

19. Comment Goron a-t-il pu voir la demoiselle?
20. Quelle est la cause de son égarement?

21. De quelle manière a-t-il résolu le problème?
22. Quel est le but de sa générosité?
23. Où l'emmène-t-il?
24. Qu'emporte-t-elle avec elle?
25. Quelle est l'importance de ces possessions?

SECTION IV:

26. Comment traite-t-on la demoiselle chez Goron?
27. A quelle condition le seigneur consent-il à se marier?
28. Que signifient les mots: «Le Frêne ne porte aucun fruit, tandis qu'il y a plaisir et profits dans le Coudrier»?
29. Quelles sont les parties intéressées, dans le mariage avec Coudre?
30. L'auteur est ému au moment de parler des fiançailles. Comment le savons-nous?

SECTION V:

31. Qui vient aux noces?
32. Comment la mère découvre-t-elle l'identité de Frêne?
33. A qui confesse-t-elle sa faute?
34. Qu'est-ce que l'archevêque propose? Cela vous semble-t-il étrange? Expliquez.
35. Coudre, qu'est-elle devenue?
36. Est-ce qu'une telle aventure pourrait arriver de nos jours?

MILON

I

QUI VEUT VARIER SES CONTES DOIT PARLER, dès le commencement, assez convenablement pour plaire aux gens. Je commencerai ici le lai de «Milon», et je montrerai brièvement pourquoi et comment il a été composé.

Milon était né dans le sud du Pays de Galles. Depuis le jour de son 5 adoubement,[1] nul n'avait pu l'abattre de son cheval. C'était un bon chevalier brave et hardi, fier et courtois. Il était bien connu en Irlande, en Norvège, et en Danemark. En Angleterre et en Ecosse certains lui portaient envie; mais sa prouesse lui valait l'amour de tous les autres et l'amitié de princes. 10

En sa contrée vivait un baron dont le nom ne me revient pas. Il avait une fille belle et courtoise.

---

[1] *adoubement*: action d'adouber, de revêtir d'une armure, initiation à la vie chevaleresque.

Elle a entendu parler de Milon, et elle en est devenue amoureuse. Elle lui a fait savoir par un messager que, s'il lui plaisait de l'aimer, elle était prête à faire son plaisir.

Pensez si Milon était joyeux! Dans sa réponse, il a remercié la
5   demoiselle et lui a engagé un amour qui n'aurait jamais de fin. Puis il a comblé de présents le messager et lui a promis son amitié.

«Ami, dit-il, tâche maintenant d'arranger un rendez-vous entre moi et mon amie, et veille à celer notre secret. Tu lui porteras mon anneau d'or, le lui donneras de ma part, et lui diras ceci: quand il lui
10 plaira, qu'elle t'envoie me chercher.»

L'autre a pris congé, est retourné à sa demoiselle, lui a donné l'anneau, et lui a dit qu'il avait bien rempli sa mission. Elle en a eu grande joie.

Bien souvent, près de sa chambre, en un verger où elle allait se
15 délasser, Milon venait la voir; tant il y est venu, tant il l'a aimée, qu'il a fait enceinte la demoiselle.

Quand elle s'en est aperçue, elle a mandé Milon; elle lui a fait sa plainte, elle lui a dit qu'elle avait perdu l'honneur et la vie. La justice tomberait sur elle: elle serait tourmentée à l'épée ou vendue dans un
20 autre pays. C'était la coutume des anciens, et on l'observait en ce temps-là.

Milon a répondu qu'il ferait tout ce qu'elle déciderait.

«Quand l'enfant sera né, dit-elle, vous le porterez à ma sœur, qui est mariée en Northumberland. C'est une riche dame, loyale et sensée.
25 Vous lui manderez par écrit et oralement que c'est l'enfant de sa sœur, et qu'il lui a causé déjà maintes douleurs. Priez-la de veiller à ce qu'il soit bien élevé, quel qu'il soit, fille ou garçon. Je lui suspendrai au cou votre anneau et j'enverrai une lettre où sera écrit le nom de son père et toute l'aventure de sa mère. Quand il sera grand et parvenu à l'âge où l'on
30 entend raison, qu'elle lui remette la lettre et l'anneau, en lui recommandant de les bien garder pour pouvoir retrouver son père quelque jour.»

Ils s'en sont tenus à cette décision jusqu'au jour où la demoiselle devait enfanter. Une vieille la gardait ; elle lui a dévoilé sa situation ; et la vieille l'a cachée, l'a entourée de telle sorte qu'on ne s'est aperçu de rien. Elle a mis au monde un fils très beau. Les deux femmes lui ont suspendu au cou l'anneau et une aumônière[2] de soie contenant la lettre que nul ne devait lire. Dans un berceau, elles ont couché l'enfant enve- 5 loppé d'un linge blanc ; sous sa tête elles ont mis un oreiller précieux et sur lui ont placé une couverture ourlée de martre.[3] Puis la vieille l'a donné à Milon, qui avait attendu dans le verger. Il l'a confié à des gens sûrs qui l'ont emporté loyalement.

Dans les villes où ils passaient, ils s'arrêtaient sept fois par jour ; ils le 10 faisaient nourrir, baigner, reposer. Tant ils ont suivi le droit chemin qu'ils l'ont remis à la dame. Elle l'a reçu avec plaisir, a vu la lettre et a brisé le sceau ; quand elle a su qui il était, elle s'est mise à le chérir d'un amour merveilleux. Ceux qui l'avaient apporté sont retournés dans leur pays. 15

Or Milon était sorti de sa terre pour se faire valoir dans le service de guerre. Son amie était restée chez elle. Et son père l'a promise à un baron du pays, homme très riche, très puissant et de très grande valeur.

Quand elle l'a appris, elle a été très triste ; elle regrettait Milon ; elle redoutait surtout les conséquences du fait qu'elle avait eu un enfant— 20 son mari le saurait aussitôt.

«Hélas, dit-elle, que ferai-je ? Moi, avoir un mari ? Comment puis-je ? Je ne suis plus vierge ; alors, je resterai sa servante à tout jamais. Je ne savais pas que tout finirait ainsi. Je croyais épouser mon ami ; nous aurions caché l'affaire entre nous. Mieux me vaudrait mourir que vivre, 25 mais je ne peux pas faire cela non plus. J'ai autour de moi des gardiens, mes chambellans, qui tous, vieux ou jeunes, haïssent l'amour et pren- nent du plaisir à la tristesse. Il me faut donc tout souffrir, malheureuse, puisque je ne peux pas mourir.»

Arrivé le jour pour lequel on l'avait promise, son sire l'a emmenée. 30

---

[2] *aumônière* : bourse (portée à la ceinture).
[3] *ourler de martre* : «hem with marten (fur)».

II

Milon est revenu au pays. Il se désolait, il se lamentait, il menait grand deuil; mais une chose le réconfortait: celle qu'il aimait n'était pas loin.

Il s'est mis alors à chercher comment il pourrait, sans être découvert, lui faire savoir qu'il était revenu de terre étrangère.

Il a écrit sa lettre, il l'a scellée. Il avait un cygne[4] qu'il aimait beaucoup; il lui a lié la lettre au cou et la lui a cachée entre les plumes. Puis il a appelé un écuyer[5] et lui a confié son message:

«Va tout de suite, dit-il, change tes vêtements! Tu vas aller au château de mon amie. Tu emporteras mon cygne avec toi. Mais prends bien garde que nul ne le touche, sauf elle.»

L'écuyer a obéi. Il a pris le cygne, s'en est allé, a traversé la ville, est venu au château, s'est arrêté à la porte principale. Il a appelé le portier:

«Ami, dit-il, écoute-moi. C'est mon métier de prendre les oiseaux. Dans un pré sous Caerléon,[6] j'avais pris dans mon lacet ce cygne. Pour que je ne sois pas gêné ni accusé, je veux en faire présent à la dame, dans l'espoir d'avoir sa protection.»

Le jeune chevalier lui a répondu:

«Ami, personne ne parle à ma dame. Néanmoins j'irai m'informer; et si je vois une occasion favorable de t'y mener, je te ferai parler avec elle.»

Le portier a regardé dans la grande salle; il n'y avait personne, sauf deux chevaliers qui, assis à une table, jouaient aux échecs. Il est revenu hâtivement et a introduit le messager de telle sorte que personne ne les a aperçus ni ne les a gênés. Venu à la chambre, le portier a appelé; une

---

[4] *cygne*: «swan».
[5] *écuyer*: jeune noble qui garde l'écu d'un chevalier.
[6] *Caerléon*: ville du Pays de Galles.

jeune fille leur a ouvert la porte. Les deux hommes se sont approchés de
la dame et lui ont présenté le cygne.

Elle a appelé un serviteur et lui a dit:

«Fais en sorte que mon cygne soit bien gardé et qu'il ait assez à
manger.   5

—Dame, fait celui qui l'avait apporté, personne ne le recevra sauf
vous. C'est un vrai présent de roi: voyez comme il est bon et loyal!»

Il le lui a placé entre les mains; elle l'a reçu très bonnement. Elle lui a
caressé la tête et le cou, et a senti la lettre sous les plumes. Son sang a
tressailli; elle était toute frémissante: elle a compris que la lettre venait   10
de son ami. Elle a fait donner de l'argent au messager et l'a renvoyé.

Quand elle a été seule dans sa chambre, elle a appelé une jeune fille,
elles ont délié la lettre, brisé le sceau. Le premier mot qu'elle a lu, c'était
«Milon». Elle a reconnu le nom de son ami et cent fois l'a baisé en pleurant, avant de pouvoir en lire davantage.   15

Au bout d'un certain temps, elle a parcouru l'écriture. Elle a lu tout
ce qu'il lui disait, ses grandes peines, sa douleur qui ne cessait ni jour ni
nuit:

«Maintenant tout est dans son pouvoir de le tuer ou de le guérir.
Qu'elle invente quelque moyen pour qu'il lui parle et qu'elle le lui   20
mande par une lettre que le cygne portera. Pour cela il faut le bien
garder, puis le faire jeûner pendant trois jours; puis lui pendre la lettre
au cou; puis le laisser aller. Il volera droit vers son premier gîte.»

Quand elle a eu bien lu et bien compris, elle a fait soigner le cygne:
elle l'a fait manger et boire à sa guise. Elle l'a retenu un mois dans sa   25
chambre. Entendez maintenant ce qu'elle a fait ensuite!

A force de ruse et d'adresse, elle s'est procuré de l'encre et du parche-
min. Elle a écrit une lettre, l'a scellée de son anneau. Elle a fait jeûner le
cygne, la lui a pendue au cou, l'a laissé partir.

L'oiseau était affamé et convoitait de la nourriture. Il est revenu   30
hâtivement là d'où il était venu. Il est arrivé à la ville, puis à la maison,
et s'est posé juste aux pieds de Milon.

Quand Milon l'a vu, il en a été très joyeux. Il l'a pris par les ailes en grande joie. Il a appelé son dépensier,[7] a fait donner à manger au cygne, a détaché la lettre, l'a lue d'un bout à l'autre, et s'est réjoui des salutations et des nouvelles :

«Sans lui pas de bonheur pour elle. Qu'il lui mande encore son vouloir par le cygne de la même manière.»

Il l'a fait aussitôt.

Pendant vingt ans, Milon et son amie ont mené cette sorte de vie. Le cygne était leur seul messager. Ils le faisaient toujours jeûner avant de le laisser aller; et celui qui le recevait lui donnait sa nourriture. Ils ont pu même se réunir plusieurs fois.

Personne ne peut être si pressé ni si étroitement tenu qu'il ne trouve souvent des occasions d'avoir des rendez-vous.

III

Or la dame qui élevait leur fils l'a tant gardé près d'elle qu'il avait maintenant l'âge de prendre ses armes. Elle l'a fait adouber chevalier. C'était un très gentil garçon.

Elle lui a remis la lettre et l'anneau. Puis elle lui a dit qui était sa mère, et l'aventure de son père, et quel bon chevalier c'était, si preux, si hardi, si fier qu'il n'y avait pas meilleur au monde.

Il a écouté attentivement. Quand elle a eu tout dit, il s'est réjoui d'avoir un père vaillant et renommé. Il a pensé en lui-même :

«Celui-là devrait s'estimer peu qui, engendré par un père si estimé, ne chercherait pas à se faire valoir hors de sa terre.»

Il avait ce qu'il lui fallait; il n'a tardé que le soir. La dame l'a beaucoup conseillé, exhorté de bien faire, lui a donné partie de ses biens.

Il s'est embarqué à Southampton, est arrivé à Barfleur,[8] est venu droit en Bretagne. Là il a fait de grandes dépenses, a participé à maint tournoi, a fréquenté les hommes nobles. Jamais il n'est venu à un combat sans y

---

[7] *dépensier* : personne chargée de la dépense pour les provisions.

[8] *Barfleur* : ville en Normandie.

être considéré comme le meilleur. Il aimait les chevaliers pauvres et tout ce qu'il gagnait sur les riches, il le leur donnait ; il les gardait à son service ; et il dépensait libéralement. Jamais il ne s'est reposé de plein gré. Dans toutes ces terres, il a remporté le prix de la valeur. Il était très courtois, sachant bien de quel faste[9] un chevalier devait s'entourer.   5

Sa renommée est parvenue jusque dans son lointain pays. On y a répandu la nouvelle qu'un chevalier de la contrée, qui avait passé la mer pour se faire un nom, avait tant fait par sa prouesse, par sa bonté, et par sa générosité que là-bas on l'appelait le Sans-Pair.

Milon a entendu parler du chevalier inconnu et de ses exploits.   10 Il en a été chagriné et il s'est plaint beaucoup de la renommée de ce chevalier. Il lui semblait que tant qu'il était en état de marcher, de porter ses armes et de combattre, nul homme né dans son pays ne devait être estimé ni loué plus que lui.

Il a décidé donc de passer vite la mer et de se mesurer avec le   15 chevalier ; s'il pouvait l'abattre de son cheval, cela suffirait à le honnir. Après l'avoir humilié, il irait à la recherche de son fils qui était parti du pays, et dont personne ne savait ce qu'il était devenu.

Il a fait savoir son intention à son amie et lui a demandé son congé. C'était toujours le cygne qui a porté la lettre scellée.   20

Elle l'a remercié de vouloir quitter sa terre pour maintenir son renom et chercher leur fils ; elle ne voulait pas le gêner.

Donc Milon, en riche équipage, est passé en Normandie, est allé jusqu'en Bretagne ; il a fait la connaissance de beaucoup de gens, a cherché des tournois, a tenu table ouverte, et a donné largement.   25

IV

Milon a séjourné tout un hiver dans ce pays. Il a pris à son service plusieurs bons chevaliers. On est arrivé ainsi jusqu'après Pâques, moment où ont recommencé les tournois, les guerres, les combats.

---

[9] *faste* : étalage de pompe.

On s'est assemblé au Mont-Saint-Michel. Normands et Bretons y sont venus, Flamands et Français; mais des Anglais, il n'y en avait guère.

Milon, le fier, le hardi, est arrivé un des premiers. Il a demandé où 5 était le bon chevalier. Les gens n'ont pas manqué pour lui dire d'où il était venu, pour lui décrire ses armes, son écu. Et Milon a observé le héros longtemps.

Le tournoi s'est organisé; qui cherchait une joute,[10] tôt l'a trouvée; qui voulait parcourir les pistes en quête d'un adversaire, y a perdu ou 10 gagné vite.

Quant à Milon, il a bien fait dans ce tournoi, au point de s'attirer des louanges. Mais le jeune homme que vous connaissez l'a emporté sur tous les autres; nul ne pouvait l'égaler ni dans les tournois ni dans les joutes. Milon l'a vu si bien se conduire, si bien éperonner, si bien frapper 15 que, tout en l'enviant, il avait grand plaisir à le regarder.

Il s'est placé au bout de la piste en face de lui et tous deux ont jouté ensemble. Milon l'a frappé fortement, a rompu sa lance, mais ne l'a pas abattu. Et l'autre en même temps a frappé Milon d'une telle force qu'il l'a renversé de son cheval.

20 Sous la ventaille, il a distingué la barbe grise et les cheveux chenus:[11] alors il avait grand regret de l'avoir abattu. Il a arrêté le cheval de Milon par les rênes et le lui a présenté, disant:

«Sire, montez! Je suis désolé d'avoir fait un tel outrage à un homme de votre âge.»

25 Milon s'est relevé, charmé de cette courtoisie. Et comme le jeune homme lui tendait les rênes, il a reconnu l'anneau à son doigt. Il lui a adressé la parole:

«Ami, écoute-moi. Pour l'amour de Dieu tout-puissant, dis-moi comment se nomme ton père. Qui est ta mère? Quel est ton nom? Je 30 veux savoir la vérité. J'ai beaucoup vu, beaucoup voyagé, je suis allé me

---

[10] *joute*: tournoi à cheval avec la lance.
[11] *chenu*: blanchi par la vieillesse.

battre ou tournoyer[12] dans bien des terres lointaines; mais jamais coup
reçu de chevalier n'avait pu me faire tomber de mon cheval! Toi seul
m'as abattu à la joute; je me sens pour toi merveilleuse amitié.»

Et lui a répondu:

«De mon père, je vous dirai tout ce que j'en sais. Je crois qu'il est né 5
dans le Pays de Galles. Il se nomme Milon. Il a aimé la fille d'un
homme riche et m'a engendré secrètement en elle. J'ai été envoyé en
Northumberland; c'est là que j'ai été élevé et éduqué. Une de mes tantes
s'en est chargée. Elle m'a gardé près d'elle, puis m'a donné cheval et
armes et m'a envoyé dans cette terre. Je demeure ici depuis longtemps. 10
Mais je désire passer bientôt la mer et revenir en ma contrée. Je veux
connaître la situation de mon père, comment il se comporte avec ma
mère. Je lui montrerai cet anneau d'or et je lui donnerai de telles preuves
qu'il ne saurait me renier. Sûrement il m'accueillera et me tiendra pour
son ami.» 15

Quand Milon l'a entendu parler ainsi, il n'a pu l'écouter davantage. Il a sauté promptement en avant, l'a pris par un pan de son
haubert.[13]

«Hé Dieu, dit-il, comme je suis heureux! Par ma foi, ami, tu es
mon fils! C'est pour te chercher que je suis sorti dernièrement de ma 20
terre.»

Le jeune homme l'a entendu. Il est descendu de son cheval et a embrassé tendrement son père. Ils se sont réjouis et se sont dit de telles
paroles que tous ceux qui les regardaient ont pleuré de joie et de pitié.

Quand le tournoi a pris fin, Milon s'en est allé; il lui tardait de parler 25
à loisir avec son fils. Ils ont passé la nuit dans une auberge. Ils y ont mené
grande joie et grand divertissement; il y avait là beaucoup de chevaliers.

Milon a conté à son fils comment il avait aimé sa mère, comment elle
avait été donnée à un baron du pays, comment ils ont continué à s'aimer
de tout leur cœur, elle et lui, et comment ils ont échangé des lettres par le 30
moyen du cygne, seul messager auquel ils osaient se fier.

---

[12] *tournoyer*: participer à des tournois.

[13] *haubert*: chemise de mailles («chain mail») portée par un chevalier.

Le fils a répondu :

«Par ma foi, mon père, je veux vous réunir, ma mère et vous. Je tuerai le seigneur qu'elle a et je vous la ferai épouser.»

Ils ont cessé de parler et le lendemain se sont préparés à partir. Ils ont pris congé de leurs amis pour revenir dans leur pays. Le vent était bon. Ils ont traversé vite la mer.

En route, ils ont rencontré un jeune homme. La dame l'avait envoyé à Milon ; il allait passer en Bretagne ; voilà son voyage abrégé. Il a donné à Milon une lettre scellée et oralement lui a dit de venir sans tarder : son sire est mort, qu'il se hâte !

Quand Milon a entendu la nouvelle, elle lui a semblé merveilleuse. Il l'a dite à son fils. Plus d'obstacle ni de répit. Ils ont poussé leurs chevaux tant qu'ils sont arrivés au château de la dame. Elle était très heureuse de revoir son ami et son fils si preux, si charmant. Ils n'ont pas convoqué de parents : sans conseil d'aucune sorte, le fils les a unis tous deux et a donné son père à sa mère. Dès lors ils ont vécu nuit et jour en grand bonheur et en grande douceur.

Les anciens ont fait ce lai sur leur amour et leur bonheur. Et moi, qui l'ai mis par écrit, j'ai pris grand plaisir à vous le conter.

QUESTIONS

SECTION I :

1. Pourquoi envie-t-on Milon ?
2. Comment fait-il la connaissance de la jeune fille ?
3. Que décide-t-elle de faire de son enfant ?
4. L'enfant pourrait retrouver son père un jour. Par quel moyen ?
5. Qu'est-ce qui a attristé la mère ?
6. Pourquoi doit-elle souffrir ?

SECTION II :

7. A son retour, quel moyen Milon choisit-il pour communiquer avec son amie ?

8. Qui aide l'écuyer à parler avec la dame?
9. Pendant combien de temps emploie-t-on le messager?
10. Est-il vrai que les portes fermées ne présentent pas d'obstacle à l'amour? Illustrer par des exemples tirés d'autres lais.

SECTION III:

11. Le fils décide de quitter son pays. Pourquoi?
12. Entre quelles villes fait-il la traversée?
13. Parlez de la vie qu'il mène en Bretagne.
14. Quel nom lui donne-t-on là-bas?
15. De quoi Milon se chagrine-t-il?
16. Pour quelle raison décide-t-il de traverser la mer?
17. Quelle est sa route pour aller en Bretagne?

SECTION IV:

18. Qui s'assemble au Mont-Saint-Michel?
19. Comment se termine le combat entre père et fils?
20. Quel est le rôle de l'anneau porté par le fils?
21. Que font le père et le fils la nuit qui suit le tournoi?
22. En route pour le Pays de Galles, quel message Milon reçoit-il?
23. Au mariage, quel est le renversement des rôles?
24. Trouvez-vous un symbolisme dans ce renversement? Expliquez.

Eliduc

I

JE VOUS DIRAI L'HISTOIRE et l'explication d'un très ancien lai breton, comme j'en entends la vérité, bien sûr.

Il y avait une fois en Bretagne un chevalier preux et courtois, hardi et fier. Dans tout le pays, on n'aurait pas trouvé plus vaillant homme. Il s'appelait Eliduc. Noble et sage était Guildeluec, sa femme, issue de haut parage.[1] Ils vivaient ensemble depuis longtemps et s'aimaient loyalement. Mais un jour, il est allé à l'étranger pour faire des services de guerre. Là-bas il est tombé amoureux d'une jeune princesse appelée Guilliadun; dans le royaume il n'y en avait pas de plus belle. Le lai a reçu son nom de ces deux femmes, Guildeluec et Guilliadun. Au début on l'avait appelé «Eliduc», mais de nos jours il est mieux connu sous les noms des dames qui ont fourni la base du lai. Ecoutez cette histoire.

Eliduc avait pour seigneur un roi de la Petite-Bretagne, qui l'aimait

---

[1] *parage* : extraction ; naissance.

bien et le chérissait beaucoup ; et lui le servait fidèlement. Quand le roi était obligé de voyager, Eliduc avait le commandement de sa terre. Cela lui valait des avantages : il pouvait chasser librement dans les forêts ; pas de forestier assez hardi pour oser l'en empêcher ou murmurer contre lui.								5

On l'enviait, comme c'est l'humaine coutume ; et il a été tellement discrédité, diffamé, calomnié auprès de son seigneur que celui-ci l'a banni de la cour sans l'entendre. Eliduc ne savait pourquoi. A bien des reprises, il a conjuré le roi de ne pas croire les calomniateurs, d'entendre sa défense, car il l'avait bien servi. Mais le roi ne répondait pas. Donc	10 Eliduc s'est vu obligé de partir.

Il est revenu à sa maison, il a fait venir tous ses amis, il leur a appris la colère que le roi son seigneur avait contre lui.

«Je l'ai servi de tout mon pouvoir ; alors il ne doit pas être ingrat. Certes, il a raison, le paysan qui grogne, derrière le dos de son valet de	15 ferme, le proverbe «patience du seigneur ne dure pas». Qui ressent de la loyauté pour son seigneur et de l'amour pour ses voisins est sage et avisé. Donc je ne resterai plus dans ce pays ; je passerai la mer ; j'irai dans le royaume de Logre[2] où je séjournerai quelque temps. Pour ma femme, je la laisserai dans sa terre ; je recommanderai à mes hommes et	20 à mes amis de la garder avec loyauté.»

Il s'est arrêté à cette décision, s'est équipé richement. Ses amis étaient désolés parce qu'il partait. Il a emmené avec lui dix chevaliers et, pendant quelques lieues, sa femme qui l'a accompagné. Elle a mené grande douleur au moment de le quitter ; mais il a promis de lui rester	25 fidèle. Alors ils se sont séparés. Il a suivi la route droit devant lui, est arrivé à la mer, l'a traversée et a débarqué à Totness.[3]

Là régnaient plusieurs rois et la discorde était entre eux. Du côté d'Exeter[4] demeurait l'un d'eux, qui était très puissant et vieux. Il n'avait pas d'héritier mâle—seulement une fille, bonne à marier. Comme il	30

---

[2] *Logre* : ancien nom d'Angleterre, d'après des chroniqueurs.

[3] *Totness* : ville en Angleterre (Devonshire).

[4] *Exeter* : ville en Angleterre (Devonshire).

refusait de la donner à son pair, celui-ci le guerroyait et dévastait toute sa terre. Il le tenait même enfermé dans une ville forte, et il n'y avait pas dans cette ville homme assez audacieux pour sortir contre l'assiégeant et lui livrer bataille.

5   Eliduc en a entendu parler. Il n'a pas désiré aller plus loin: puisqu'ici il y avait la guerre, ici il resterait; il a décidé d'entrer au service du roi qui était dans la plus grande détresse. Il a envoyé des messagers pour offrir son aide; si le roi ne voulait pas l'accepter, qu'il lui donne un sauf-conduit par sa terre.

10   Quand le roi a vu les messagers, il les a accueillis avec chaleur. Il a appelé son connétable[5] et a demandé une escorte pour le baron, un logement pour lui et ses hommes, le paiement de toutes leurs dépenses pour un mois. Voilà Eliduc reçu à la cour en grand honneur.

    Son logement était chez un bourgeois sage et courtois. Son hôte 15 avait préparé pour lui une belle chambre garnie de tapisseries. Eliduc faisait venir à ses repas les chevaliers pauvres qui étaient logés dans le bourg; il a défendu à tous ses hommes d'accepter, pendant les quarante premiers jours, ni argent ni autre rémunération.

    Au troisième jour, le cri s'est levé dans les rues que les ennemis 20 étaient proches et sur le point de monter à l'assaut. Ayant entendu les cris de terreur, Eliduc et ses compagnons se sont armés sans délai. Puis quatorze autres chevaliers, blessés ou prisonniers de guerre, qui se trouvaient dans la ville, sont allés prendre leurs armes et, sans attendre des ordres, sont sortis par la porte à la suite d'Eliduc.

25   «Sire, font-ils, nous voulons vous suivre et faire ce que vous ferez.»

    Il leur a répondu:

    «Je vous en remercie. Y aurait-il quelqu'un d'entre vous qui connaisse un passage difficile ou étroit où l'on pourrait surprendre les ennemis? Si nous les attendons ici, il se peut que nous nous battions 30 avec eux; mais cela ne sert à rien si l'on sait faire mieux.»

    Les autres ont dit:

---

[5] *connétable*: officier chargé des écuries du roi.

«Sire, près de ce bois, dans un taillis,[6] il y a un étroit chemin qu'ils emploient; quand ils auront fait leur butin,[7] ils retourneront par là, désarmés, insouciants; qui risquerait de mourir sans façons pourrait bien vite leur causer des pertes et leur faire honte du tort qu'ils ont causé.»   5

Eliduc a dit:

«Mes amis, je vous engage ma foi, celui qui ne va pas ne gagnera guère et n'acquerra pas de valeur. Vous êtes tous hommes du roi et vous devez lui porter grande foi. Suivez-moi et faites ce que je ferai! Je vous promets mon aide. Même si nous ne pouvons rien gagner, nous aurons   10
du moins le grand mérite de causer du dommage à nos ennemis.»

Ils ont accepté la promesse et l'ont mené jusqu'au bois. Eliduc et ses chevaliers se sont embusqués[8] au bord du chemin pour attendre les ennemis. Quand ceux-ci sont entrés dans le passage, Eliduc a jeté son cri. Il a appelé tous ses compagnons, il les a exhortés à bien faire. Ils ont   15
frappé de grands coups, sans rien épargner.

Les ennemis ont été frappés de stupeur: ils n'y pouvaient résister, ils se sont laissé rompre, se sont dispersés et se sont enfuis. Mais ceux d'Eliduc ont gardé prisonniers leur connétable et tant d'autres chevaliers qu'ils en ont chargé leurs écuyers; vingt-cinq ont pris trente! Avec   20
entrain,[9] ils ont ramassé les équipements: merveilleux était le butin. Puis ils sont retournés, très joyeux d'avoir si bien réussi.

Le roi assiégé se tenait sur une tour. Il s'inquiétait de ses hommes et il se plaignait fortement d'Eliduc, car il croyait que celui-ci avait exposé ses chevaliers par trahison. Il les a vus venir, en troupe serrée, avec leur   25
butin sur des bêtes de somme. Ils étaient plus nombreux au retour qu'au départ; pour cette raison, le roi ne les a pas reconnus et il est demeuré dans le doute, ne sachant que penser. Il a commandé qu'on fermât les portes et que les gens montassent aux murailles pour recevoir à

---

[6] *taillis*: «thicket».

[7] *butin*: «booty».

[8] *s'embusquer*: se cacher pour attaquer par surprise.

[9] *entrain*: manière d'agir vive et animée.

coups de pierres et de flèches ceux qui arrivaient ; mais il n'en serait pas besoin. Ils ont envoyé en avant un écuyer qui est venu à grande allure. Il a conté les exploits d'Eliduc : comme il s'est comporté et comme il a vaincu les assiégeants ; jamais un tel chevalier n'avait existé auparavant ;

5   il a fait prisonnier le connétable et vingt-neuf autres ; il a blessé et tué beaucoup des ennemis.

Quand le roi a entendu la nouvelle, il en a éprouvé grande joie. Il est descendu de sa tour, il est venu au devant d'Eliduc. Il l'a remercié de son aide. Eliduc lui a remis ses prisonniers et a partagé le butin entre

10   les gens de la ville ; il n'a gardé pour lui que trois chevaux qui lui étaient alloués ; il a distribué tout le reste aux prisonniers et aux autres. Et le roi lui a prodigué son amitié. Il l'a retenu une année avec ceux qui l'accompagnaient ; il a reçu son serment, il l'a établi gardien de sa terre.

II

C'était un beau chevalier qu'Eliduc, courtois et sage, preux et

15   libéral. Quelqu'un l'a nommé devant la fille du roi et a raconté ses mérites. Par un de ses chambellans, elle l'a prié de venir chez elle pour se promener, causer et lier amitié. Elle lui marquait sa surprise de ne l'avoir pas encore vu. Eliduc a répondu qu'il viendrait et ferait sa connaissance très volontiers.

20   Il est monté sur son cheval de guerre, a pris un chevalier avec lui, et s'en est allé chez la jeune fille. Au seuil de la chambre, il a envoyé devant lui le chambellan et a attendu que l'autre revînt pour le faire entrer.

Avec son air doux, son visage ouvert, son comportement très noble,

25   il a remercié honnêtement la demoiselle Guilliadun, qui était très belle, de l'avoir mandé.

Elle l'a pris par la main, et sur un lit tous deux se sont assis. Ils ont parlé de bien des choses. Elle le regardait beaucoup, son visage, son corps, sa mine. Elle se disait : en lui, rien de déplaisant ; et elle le prisait

30   haut dans son cœur. Alors Amour lui a lancé cette flèche qui nous incite

à aimer : et la voilà qui a pâli, qui a soupiré. Mais elle n'a pas voulu lui avouer son mal, de peur qu'il ne répondît par le mépris.

Il est resté là longtemps, puis a demandé congé d'elle. Elle le lui a donné bien contre son gré, mais néanmoins il est parti et est retourné à son logement, tout morne, tout pensif.   5

Elle l'a mis en grand trouble, la fille de son seigneur le roi, par ses paroles si douces et ses soupirs qu'il avait entendus. Il se trouvait bien malheureux d'avoir déjà tant vécu dans ce pays sans l'avoir vue souvent. Mais dès qu'il eut dit cela, il s'en est repenti : il s'est souvenu de sa femme, et comme il l'avait assurée de sa bonne foi et conduite loyale.   10

La jeune fille avait résolu d'en faire son ami. Jamais elle n'avait tant prisé nul homme ; si elle pouvait, elle le prendrait en service amoureux. Toute la nuit elle a pensé, et n'a dormi ni ne s'est reposée.

Le lendemain elle s'est levée de bonne heure, elle est venue à la fenêtre, elle a appelé son chambellan ; et elle lui a expliqué sa situation.   15

«Par ma foi, dit-elle, cela va mal pour moi ! Je suis tombée dans une mauvaise affaire : j'aime le nouvel homme de guerre, Eliduc, le bon chevalier. Cette nuit, je n'ai pu me reposer ni fermer mes yeux pour dormir. S'il veut m'aimer d'amour et m'assurer de son corps, je suis toute prête à faire son plaisir. Et grand bien peut lui en advenir, comme   20 d'être un jour roi de ce royaume. Il est si sage, si courtois que, s'il ne veut m'aimer, j'en mourrai de douleur.»

Quand elle eut découvert sa pensée, le chambellan lui a donné un conseil loyal :

«Dame, fait-il, puisque vous l'aimez, mandez-lui quelque mes-   25 sage, envoyez-lui quelque cadeau, comme une ceinture, un lacet, ou un anneau. S'il le reçoit avec amitié et se réjouit du message, soyez sûre qu'il vous aime. Il n'est empereur sous le ciel, si vous daigniez l'aimer, qui ne doive en être très heureux.»

Quand la demoiselle a entendu ce conseil, elle a répondu :   30

«Comment saurai-je par ce cadeau s'il est enclin à m'aimer ? Je n'ai jamais vu chevalier se faire prier, qu'il soit plein d'amour ou plein de haine, pour garder le présent qu'on lui envoie. Ce que je redoute surtout, c'est qu'il me raille. Cependant il est vrai que par sa mine on peut deviner sa pensée. Préparez‑vous donc et allez chez lui.

—Je suis, dit‑il, tout apprêté.

—Vous lui porterez cet anneau d'or et vous lui donnerez ma cein‑
5 ture. Et de ma part vous le saluerez mille fois.»

Le chambellan est parti. Elle était si troublée qu'elle a failli le rap‑ peler; cependant elle l'a laissé aller. Puis elle a commencé à se lamenter:

«Hélas! comme il a été surpris, mon cœur, par un homme de pays étranger! Je ne sais s'il est de haute famille, s'il ne s'en ira pas bientôt.
10 Et moi je resterai ici, douloureuse! C'est vers la folie que j'ai dirigé mes pensées! Hier je lui ai parlé pour la première fois, et aujourd'hui je lui fais demander de m'aimer. Je crois qu'il va me blâmer; mais s'il est courtois, il me saura gré. Maintenant le sort est jeté. S'il n'a souci de m'aimer, je me tiendrai pour bien misérable; jamais plus je n'aurai de
15 joie en ma vie.»

Tandis qu'elle se lamentait, le chambellan se pressait. Il est venu chez Eliduc. En secret, il lui a répété les saluts de la jeune fille, il lui a présenté l'anneau et la ceinture. Le chevalier l'a remercié. L'anneau d'or, il l'a mis à son doigt; la ceinture, il l'a ceinte. Le chambellan
20 n'en a pas demandé plus, et le chevalier n'en a pas dit davantage, sauf qu'il lui a offert de son avoir; mais l'autre, sans rien accepter, s'en est allé.

Il est revenu vers sa demoiselle. Il l'a trouvée dans sa chambre, il l'a saluée de la part d'Eliduc et l'a remerciée du cadeau.
25 «Allons, dit‑elle, ne me cache rien! Veut‑il m'aimer d'amour?

—A mon avis, répond‑il, le chevalier n'est pas de mœurs légères; je le tiens pour sage et courtois, car il sait bien cacher ses sentiments. Je l'ai salué de votre part en lui présentant votre envoi. Il s'est ceint de votre ceinture, il l'a bien serrée autour de ses flancs; l'anneau, il l'a mis à
30 son doigt. Je n'ai pas parlé davantage, ni lui non plus.

—Mais ne l'a‑t‑il pas reçu comme gage d'amour? Il se peut que je sois trahie!

—Par ma foi, je ne sais. Ecoutez‑moi bien: s'il ne penchait pas vers vous, il n'aurait rien voulu prendre.

—Tu veux rire. Je sais bien qu'il ne me hait pas. Je ne lui ai jamais fait de tort, sauf en l'aimant beaucoup; si pourtant il voulait me haïr, il serait digne de la plus laide des morts. Désormais, tant que je ne lui aurai pas parlé, je ne lui manderai plus rien, ni par toi, ni par un autre. Je veux lui montrer moi‑même comment l'amour me torture. Mais j'ignore s'il doit rester dans ce pays.

—Dame, le roi l'a retenu pour un an, et il a juré de le servir un an avec loyauté. Ainsi vous avez le loisir de dire votre pensée.»

Quand elle a appris qu'Eliduc restait, elle s'en est fort réjouie; le délai surtout l'a rendue très heureuse. Elle ne savait rien de la douleur où le chevalier était plongé, depuis qu'il l'avait vue.

Il n'avait plus ni joie ni plaisir, sauf quand il pensait à elle. Il dé‑ plorait son infortune: il avait promis à sa femme, avant de quitter son pays, de n'en pas aimer d'autre qu'elle. Et voilà que son cœur était en grand émoi! Il voulait garder sa loyauté; mais il ne pouvait pas s'em‑ pêcher d'aimer la demoiselle Guilliadun, qui tant était belle, et de la voir, de lui parler, de la baiser, de l'embrasser. Or il ne pouvait la re‑ quérir d'amour, sans déshonneur double: tant pour la foi qu'il devait à sa femme que pour celle qu'il devait au roi. Eliduc était en grande détresse.

Sans plus tarder, il est monté en selle, il a appelé à lui ses com‑ pagnons. Il ira au château parler au roi. Il espérait y voir la demoiselle. Voilà la pensée qui l'a mis en route.

Le roi s'était déjà levé de table, il était entré dans les chambres de sa fille. Il avait commencé une partie d'échecs[10] avec un chevalier d'outre‑ mer; en même temps il apprenait à sa fille les règles du jeu.

Eliduc s'est approché. Le roi lui a fait très gracieux accueil. Et il a dit à sa fille:

«Demoiselle, vous devriez bien entretenir des relations amicales avec ce chevalier et lui témoigner grand honneur: entre cinq cents, il n'y a pas de meilleur.»

Quand la jeune fille a entendu l'ordre de son père, elle en a été

---

[10] *partie d'échecs*: «game of chess».

très contente. Elle s'est levée, en appelant le chevalier ; loin des autres ils
s'en sont allés s'asseoir. Tous deux étaient épris d'amour. Elle n'osait
lui adresser la parole ; lui redoutait de lui parler, sauf pour la remercier
du cadeau qu'elle lui avait envoyé : jamais il n'avait reçu de don plus
5   précieux.

Elle a répondu au chevalier qu'elle en était très heureuse. Cet anneau qu'elle lui avait envoyé, et cette ceinture aussi, c'était pour lui
donner droit de maître sur son corps ; elle l'aimait d'un tel amour qu'elle
voulait faire de lui son seigneur. Et si elle ne pouvait l'avoir, qu'il le
10   sache bien : jamais aucun homme vivant ne la prendrait. Maintenant
c'était son tour de dire sa pensée.

«Dame, fait-il, je vous sais grand gré de votre amour ; j'en ai grande
joie. Et de voir que vous m'avez tellement estimé, j'en suis aussi
extrêmement content ; c'est une pensée qui ne me quittera plus. Mais
15   je suis avec le roi pour un an seulement ; j'en ai pris l'engagement.
Quand sa guerre sera finie, je m'en irai dans mon pays ; car je ne pourrai
rester davantage, si je puis avoir votre permission de partir.»

La jeune fille lui a répondu :

«Ami, grand merci ! Mais, vous êtes si sage et si courtois que vous
20   aurez bien décidé auparavant ce que vous voudriez faire de moi. Je
mets en vous tout mon amour et toute ma foi.»

Ainsi ils se sont engagés l'un à l'autre et, cette fois, ils ne se sont plus
parlé.

Eliduc est rentré à son logis, tout joyeux. Désormais il pouvait parler
25   souvent avec son amie. Très étroite était leur liaison. Et il a tant donné
ses soins à la guerre qu'il a fait prisonnier celui qui faisait la guerre au
roi, libérant ainsi tout le pays. On l'estimait haut pour sa prouesse,
pour son bon sens, pour sa libéralité. Tout lui réussissait.

III

Or voici que sont arrivés trois messagers envoyés par son premier
30   seigneur. Il était en grand danger. Il allait perdant tous ses châteaux,
consommant la ruine de toute sa terre. Très souvent il s'était repenti de

s'être séparé d'Eliduc. On l'avait mal conseillé et l'avait fait agir à tort. Mais les traîtres qui l'avaient calomnié, il les avait jetés hors du pays, en exil pour toujours. Dans sa grande détresse, il requérait Eliduc, l'exhortait, le suppliait par la foi qu'il lui avait accordée, quand il avait pris son hommage, de lui venir en aide ; car il en avait très grand besoin. 5

Eliduc a écouté le messager. Les nouvelles lui étaient désagréables, car il aimait profondément la demoiselle, et elle lui, tant que plus ne se pouvait. Mais il n'y avait eu entre eux nulle folie, ni légèreté, ni impru⁄ dence : parler, échanger leurs beaux avoirs, voilà tout le commerce amoureux de ces deux amis. Elle n'avait qu'une préoccupation, qu'un 10 espoir : le retenir, l'avoir tout à elle ; elle ne savait pas qu'il avait déjà une femme.

«Hélas, fait⁄il, j'ai mal agi ! Je suis resté trop longtemps dans ce pays. Maudite soit l'heure où j'ai vu cette contrée ! J'y ai aimé une jeune fille de tout mon cœur, et elle m'a aimé de tout le sien. Quand il faudra 15 me séparer d'elle, l'un de nous va mourir, peut⁄être tous les deux. Et néanmoins, il faut que je parte ; mon sire m'a mandé par lettre, m'a adjuré sur mon serment, et il faut maintenant aussi que je me soucie de ma femme. Je ne peux plus rester, je suis obligé de m'en aller. Mais si j'épousais mon amie ? Non, la religion chrétienne ne le souffrirait pas. 20 Des deux côtés, c'est mal. Dieu, comme la séparation est dure ! Quelque dommage que j'en souffre, je lui ferai toujours droit, à elle. Je ferai tout ce qu'elle désire, j'agirai selon son avis. Le roi, son seigneur, a bonne paix : je ne crois pas que nul le guerroie davantage ; pour le service de mon premier seigneur, je vais lui demander congé avant le 25 temps convenu. Et j'irai parler aussi à la demoiselle, je lui expliquerai l'affaire : elle me dira sa volonté et je la ferai selon mon pouvoir.»

Le chevalier n'a plus tardé ; il est allé prendre le congé du roi. Il lui a conté ce qui s'était passé, lui a lu la lettre que son premier sire en détresse lui avait envoyée. Le roi a entendu le message, et aussi qu'Eliduc 30 ne resterait pas ; il en était désolé. Il lui a offert beaucoup de son bien, lui a promis la troisième partie de son héritage et de son trésor ; s'il demeurait, il ferait tant qu'Eliduc le louerait tous les jours de sa vie.

«Par Dieu, dit Eliduc, mon premier sire est actuellement en grande détresse, il m'appelle, je veux aller l'aider. Je ne resterai ici pour rien au 35 monde. Mais si jamais vous avez besoin de mon service, je reviendrai très volontiers, avec une grande troupe de chevaliers.»

Le roi l'a remercié et bonnement lui a donné congé. Toutes les richesses de son palais, il les lui a abandonnées, or et argent, chiens et
5   chevaux, vêtements de soie bons et bien faits. Eliduc en a pris en modération, puis lui a dit avec gentillesse qu'il irait très volontiers parler à sa fille, s'il permettait. Le roi a répondu : «Cela me plaît beaucoup.»

Il a envoyé un jeune homme pour ouvrir la porte de la chambre. Eliduc est entré. Quand elle l'a vu, elle l'a appelé et lui a fait mille et
10 mille saluts. Il a abordé l'affaire, lui a expliqué brièvement pourquoi il devait partir. Avant qu'il eût fini et demandé congé, elle a perdu toute sa couleur et s'est évanouie. Quand Eliduc l'a vue en pâmoison, il s'est mis à gémir. Il l'a relevée, l'a soutenue entre ses bras, lui a baisé souvent la bouche et a pleuré très tendrement jusqu'à ce qu'elle soit revenue de
15 sa pâmoison.

«Par Dieu, faitil, ma douce amie, souffrez un peu que je vous dise : vous êtes ma vie et ma mort, en vous est tout mon bonheur ; si je vous dis tout, c'est qu'il n'y a que confiance entre nous. J'ai besoin d'aller dans mon pays, et j'ai déjà pris congé de votre père ; mais je ferai ce que
20 vous désirez, quoi qu'il puisse advenir.

—Emmenezmoi avec vous, ditelle, puisque vous ne pouvez rester. Autrement, je me tuerai ; je n'aurai plus de joie.»

Eliduc l'aimait de très véritable amour ; alors il lui a répondu avec douceur :

25 «Belle, je suis lié à votre père par un serment jusqu'au terme qui a été fixé : si je vous emmenais maintenant, je manquerais à ma foi donnée. Mais si vous voulez me donner congé, m'accorder répit et me fixer un jour, il n'est rien au monde, je vous le jure, qui puisse m'empêcher de revenir vous prendre, pourvu que je sois sain et vivant. Ma vie est entière
30 ment entre vos mains.»

Elle l'aimait beaucoup ; alors elle lui a accordé un délai et lui a fixé un jour pour revenir la prendre. Grand était leur deuil quand ils ont dû se séparer ! Ils ont échangé leurs anneaux d'or et doucement ils se sont embrassés.

35 Eliduc est allé jusqu'au bord de la mer. Le vent était bon, il a vite

traversé l'eau. Quand on l'a vu de retour, tout le monde en a été très content, son sire, ses amis, ses parents, et surtout sa femme, qui était si belle, si sage, et si prude. Mais lui demeurait toujours soucieux, à cause de l'amour dont il avait été surpris; jamais, pour chose qu'il vît, il ne montrait quelque joie ni ne faisait beau semblant; il ne pouvait pas être heureux avant de revoir son amie. Et il se comportait de manière dissimulée.

Sa femme en était triste. Ne sachant pas ce que ce pouvait être, elle se désolait. Elle lui demandait souvent s'il avait entendu dire qu'elle avait méfait pendant qu'il était hors du pays; elle était prête à se justifier devant ses gens, quand il voudrait.

«Dame, fait-il, je ne vous accuse pas de faute ni de tort. Mais au pays où j'ai été, il y a un roi auquel j'ai juré de revenir, car il a grand besoin de moi. Si mon sire avait la paix, je ne resterais pas ici huit jours. Elle est bien difficile, l'entreprise qui m'attend là-bas. Mais jusqu'à ce que j'y retourne, je n'aurai joie pour chose vivante: car je ne veux pas négliger ma foi jurée.»

Alors la dame l'a laissé tranquille.

Eliduc aidait beaucoup son seigneur; celui-ci agissait selon ses conseils et protégeait toute sa terre. Mais à l'approche du terme que la demoiselle lui avait fixé, il s'est occupé de faire la paix: il a conclu un accord avec tous les ennemis. Puis il a préparé son voyage et a choisi ses compagnons. Ce seraient seulement deux de ses neveux qu'il aimait beaucoup, un chambellan qui connaissait son secret, et ses écuyers. Il leur a fait jurer de celer toute l'affaire.

Sans plus attendre, ils se sont mis en mer. Ils ont passé rapidement les flots. Le voilà dans le pays de celle qui l'attendait.

IV

Eliduc a agi en homme avisé: il s'est logé loin de tout hâvre,[11] car il ne voulait être ni vu ni reconnu. Puis il a fait préparer son chambellan

---

[11] *hâvre*: port.

pour l'envoyer à son amie. Il lui a mandé que, fidèle à sa promesse, il
était revenu ; le soir, quand il serait nuit close, elle devrait sortir de la
ville ; le chambellan la conduirait, et lui-même viendrait à leur rencontre.

5   Le chambellan avait changé tous ses vêtements. Il s'en est allé à
pied, tranquillement, droit à la ville où se trouvait la fille du roi. Tant
il s'est efforcé qu'il a obtenu de pénétrer dans sa chambre. Il a salué la
demoiselle et lui a dit que son ami était de retour.

       Quand la demoiselle, triste et abattue, l'a entendu, elle a pleuré de
10   tendre joie et a embrassé souvent le messager. Il lui a dit qu'à la tombée
du soir elle devrait partir avec lui. Toute la journée, ils sont restés ensemble, se préparant pour le départ. La nuit, quand le calme régnait,
ils ont quitté la ville, le jeune homme et la demoiselle, seuls tous deux.
Elle avait grande peur d'être aperçue. Elle était vêtue d'un vêtement de
15   soie, finement brodé d'or, et recouvert d'un court manteau.

       A un trait d'arc[12] de la porte, il y avait un bois clos d'une belle
haie. Sous la haie, son ami les attendait. C'est là que le chambellan l'a
amenée. Grande était leur joie quand ils se sont retrouvés. Il l'a baisée,
l'a prise sur son cheval, a rassemblé les rênes et s'en est allé hâtivement
20   avec elle jusqu'au hâvre de Totness. Sans tarder, ils sont montés dans le
bateau, où ses compagnons attendaient.

       La brise était bonne, le temps était calme, pendant le voyage. Mais
comme ils allaient arriver, un orage est né en mer ; le vent s'est levé
contre eux ; il les a rejetés loin du hâvre, il a brisé leur vergue,[13] a dé-
25   chiré les voiles. Ils ont prié dévotement Dieu, saint Nicolas, saint Clé-
ment et madame sainte Marie : qu'elle implorât son fils pour eux, qu'elle
les empêchât de périr et leur permît d'entrer au hâvre ! Ils sont allés ainsi
dérivant au large de[14] la côte, une heure en arrière, une heure en avant.
Certes, ils étaient très près de faire naufrage.

30   Un des matelots s'est écrié très fort :

---

[12] *à un trait d'arc* : «a bow-shot away».

[13] *vergue* : «crosstrees» (pour soutenir les voiles).

[14] *dériver au large de* : «sail off course along».

«Que faisons-nous? Sire, vous avez ici dedans, à vos côtés, celle par qui nous périssons! Jamais nous ne viendrons à terre. Vous avez pour épouse une femme fidèle et vous en amenez près d'elle une autre, contre toute droiture et toute loyauté, contre la loi de Dieu même! Laissez-nous jeter celle-ci à la mer, et nous toucherons terre bientôt.»   5

Eliduc l'a entendu, il a failli éclater de fureur.

«Fils de chienne, dit-il, méchant, faux traître, tais-toi! Si je pouvais quitter mon amie, je te le ferais payer cher.»

Mais il la soutenait entre ses bras, il la réconfortait autant qu'il pouvait du mal qu'elle avait en mer et de cette nouvelle souffrance: 10
d'apprendre que son ami avait autre épouse qu'elle, en son pays.

Elle s'est pâmée, elle est tombée sur son visage, toute décolorée. Et elle est restée en pâmoison, si bien qu'elle n'a remué et n'a soupiré plus.

Eliduc a cru qu'elle était morte vraiment. Il a mené grand deuil. Puis il s'est levé, est allé au matelot, l'a frappé si fort avec un aviron[15]   15
qu'il l'a abattu tout à plat. Par le pied il l'a jeté dehors; les ondes ont emporté le corps. Et lui-même est allé prendre le gouvernail.[16] Il l'a tenu si bien qu'il a gagné le hâvre. On est venu à la terre.

Quand ils sont arrivés, il a jeté l'ancre, a abaissé la passerelle.[17] Elle était toujours en pâmoison, et ne semblait pas femme vivante.   20
Eliduc a mené grand deuil; il y serait mort avec elle de bon cœur. Il a demandé conseil à ses compagnons: où fallait-il porter la demoiselle? Il ne la quitterait pas si elle n'était pas enfouie, avec grand honneur, dans la terre bénie d'un cimetière: elle était fille d'un roi, elle avait droit à un beau service. Eux demeuraient tout éperdus et ne savaient que lui   25
conseiller.

Eliduc a médité et cherché où la porter. Son habitation était près de la mer; il y serait, s'il le voulait, pour dîner. Tout près se trouvait une forêt longue de trente lieues. Un saint ermite y demeurait et y avait bâti une chapelle; il vivait là depuis quarante ans. Maintes fois, Eliduc   30

---

[15] *aviron*: «oar».

[16] *gouvernail*: instrument qui assure la direction d'un navire; «rudder».

[17] *passerelle*: pont étroit.

lui avait parlé. Il a pensé donc à la confier à cet homme pour qu'il l'enterre dans la chapelle ; puis il lui donnerait une partie de sa terre, il fonderait là une abbaye, il y mettrait des moines, des chanoines, ou des nonnains qui toujours prieraient Dieu pour elle ; Dieu lui donnerait
5   bonne merci !

Il a fait amener les chevaux, a commandé à tous de monter en selle. Mais il a pris d'abord leur parole qu'ils ne le trahiraient pas. Puis il est parti, portant son amie devant lui, sur son palefroi.

Ils ont tant suivi le droit chemin, à travers bois, qu'ils sont arrivés à
10   la chapelle. Ils ont appelé et frappé. Personne n'a ouvert la porte ni n'a répondu. Un homme d'Eliduc est passé outre le mur, a ôté les barres, a ouvert la porte. Huit jours auparavant, le saint ermite était mort. Eliduc a trouvé la nouvelle tombe ; il en a eu grande affliction.

Les autres voulaient faire une fosse où déposer le corps de la demoi-
15   selle. Mais il les a arrêtés.

«Pas encore, dit-il ; je veux prendre auparavant l'avis des sages du pays, pour savoir comment ennoblir le lieu par quelque abbaye ou quelque monastère. Couchons-la devant l'autel et recommandons-la à Dieu.»

20   Il a fait apporter ses vêtements, il les a étalés sur la pierre bénie, puis il a étendu la jeune fille sur ce lit, où elle gisait comme une morte. Au moment du départ, il a pensé mourir de deuil ; il lui a baisé les yeux et le visage.

«Belle amie, fait-il, à Dieu ne plaise que je porte mes armes encore,
25   ou que je vive au milieu du monde ! Belle, c'était pour votre malheur que vous m'avez vu ! Douce amie chère, pour votre malheur vous m'avez suivi ! Belle, vous seriez maintenant reine, si vous ne m'aviez pas aimé loyalement. Pour vous mon cœur est bien triste. Le jour que je vous enterrerai, je deviendrai moine, et chaque jour, sur votre tombe,
30   j'assouvirai[18] ma douleur.»

Alors il s'est séparé de la demoiselle et a refermé la porte de la chapelle.

---

[18] *assouvir* : apaiser.

V

Il a envoyé un messager à sa maison, pour prévenir sa femme qu'il arrivait, mais qu'il était fatigué. Quand elle a appris sa venue, elle s'est réjouie. Elle a préparé tout pour le recevoir. Elle l'a accueilli bonnement, mais n'en a retiré que peu de joie, car il ne lui a pas fait bon visage et ne lui a dit aucune bonne parole.

Nul n'osait lui adresser la parole. Il restait toujours chez lui. Chaque matin, il entendait la messe, puis partait seul dans les bois. Il allait à la chapelle où son amie gisait. Il la trouvait toujours inanimée ; elle n'avait pas bougé, elle ne respirait pas, elle demeurait blanche et fraîche ; elle ne perdait pas sa couleur, sauf qu'elle avait pâli un peu. Cela lui paraissait une grande merveille. Il pleurait là très douloureusement, puis priait pour l'âme de la demoiselle. Quand il avait fini sa prière, il revenait chez lui.

Un jour, au sortir du monastère, sa femme l'a fait guetter par un de ses serviteurs ; elle lui avait promis des chevaux, des armes, pour qu'il suivît son seigneur de loin et vît où il se rendrait. Cet homme a fait son commandement. Il est entré dans le bois derrière Eliduc, l'a suivi sans être aperçu. Il a observé comment le chevalier est entré dans la chapelle ; il a entendu le deuil qu'il y menait. Avant qu'Eliduc fût sorti, il est revenu vers sa dame. Il lui a conté tout ce qu'il avait vu, tout ce qu'il avait entendu, et ce deuil que son sire menait dans l'ermitage.

La dame a eu le cœur troublé. Elle a dit :

«Nous irons voir tout à l'heure. Nous fouillerons tout l'ermitage. Mon mari doit s'absenter aujourd'hui : il va parler au roi. Voilà quelque temps que l'ermite est mort ; je sais bien que mon sire l'aimait, mais ce n'est pas pour lui qu'il mènerait un tel deuil.»

Pour le moment, elle n'a rien fait.

Après midi, Eliduc est parti vers la cour du roi. Puis elle a pris avec elle le serviteur ; il l'a menée à l'ermitage.

Elle est entrée dans la chapelle, elle a vu le lit, la demoiselle qui ressemblait à une rose nouvelle ; elle a ôté la couverture, et le corps est apparu, bien fait, avec les bras longs, les mains blanches, les doigts grêles,[19] longs et pleins. Maintenant elle savait la vérité et pourquoi son mari menait deuil. Elle a fait venir le serviteur et lui a montré la merveille.

5 «Vois-tu cette femme belle comme une pierre précieuse? C'est l'amie de mon seigneur, celle pour laquelle il s'afflige tellement. Par ma foi, je ne m'étonne plus, quand je vois morte une femme si belle. Tant par pitié pour elle que par amour pour lui, jamais plus je n'aurai de joie.»

Elle s'est mise à regretter la jeune fille et, en pleurant, elle s'est assise 10 devant le lit. Mais voici qu'une belette[20] est passée en courant; sortie de sous l'autel, elle a franchi le corps; le serviteur l'a frappée d'un bâton qu'il tenait en main, et l'a laissée pour morte au milieu de la nef de la chapelle. Bientôt, elle était là quand sa compagne a accouru et a vu la place où elle gisait. Elle a tourné autour de sa tête et plusieurs fois l'a touchée de sa 15 patte. Comme elle n'a pu la faire lever, elle a mené tout le semblant d'une grande douleur. Puis elle est sortie de la chapelle et s'en est allée dans le bois chercher des herbes. Avec ses dents, elle a pris une fleur de couleur vermeille, est revenue hâtivement, l'a placée de telle manière dans la bouche de sa compagne morte que sur l'heure celle-ci a été 20 ressuscitée.

La dame a tout vu. Elle a crié au serviteur:

«Arrête-la! frappe, jette, ami! Malheur, si elle échappe.»

Et il a lancé son bâton, l'a frappée de telle sorte que la petite fleur est tombée. La dame s'est levée, l'a ramassée, et est revenue hâtivement. 25 Dans la bouche de la demoiselle, elle a mis la belle fleur. Un peu de temps est passé, et voici que la jeune fille a soupiré et a repris connaissance; après elle a ouvert les yeux, elle a parlé:

«Dieu, fait-elle, comme j'ai dormi!»

Quand la dame l'a entendue parler, elle a remercié Dieu. Elle lui 30 a demandé qui elle était, et la demoiselle lui a répondu:

«Dame, je suis née en Logre; je suis fille d'un roi de la contrée. J'ai

---

[19] *grêle*: long et menu.
[20] *belette*: «weasel».

beaucoup aimé un chevalier, le bon homme de guerre Eliduc. Mais lui a fait un grand péché en me trompant. Il m'a enlevée et il avait déjà épousé une femme! Jamais il ne me l'avait dit et jamais n'en avait fait le moindre semblant! Quand j'ai entendu parler de sa femme, j'en ai eu tant de deuil que je me suis pâmée. Et il m'a abandonnée sur cette terre étrangère, vilainement; il m'a trahie, je ne sais pourquoi. Bien folle est celle qui croit les hommes!

—Belle, lui répond la dame, il n'est chose au monde qui le réjouisse; c'est vérité que je vous dis là. Il vous croit morte, et merveilleusement il perd courage. Chaque jour il vient ici vous contempler. J'ai le cœur très triste pour lui, car je suis sa femme épousée. Si grande est la douleur qu'il mène que j'ai voulu savoir où il allait. Je l'ai suivi, je vous ai trouvée. Je suis très heureuse que vous soyez vivante. Venez avec moi, je vous réunirai à votre ami. Je veux l'acquitter entièrement: je prendrai le voile.»

La dame l'a réconfortée et l'a rassurée tellement qu'elles sont parties toutes les deux ensemble.

Elle a équipé un serviteur et l'a envoyé chercher son mari. L'autre est parti, a salué courtoisement Eliduc, et lui a conté l'aventure. Eliduc est monté à cheval, n'a attendu personne, et est revenu à grande vitesse. Il est arrivé à la nuit close. Quand il a trouvé son amie saine et vivante, il a remercié tendrement sa femme. Jamais il n'a été si heureux. Il a baisé souvent la demoiselle et elle l'a baisé très doucement; ils ont mené ensemble grande joie.

Quand la dame a vu leur manière d'être, elle a interpellé son mari; elle a demandé la permission de se séparer de lui: elle se ferait nonne et servirait Dieu; qu'il lui donnât partie de sa terre où elle pût fonder une abbaye; et qu'il prît pour femme celle qu'il aimait tant; car ce n'était ni beau ni convenable d'avoir à la fois deux épouses, et la religion ne le permettait pas.

Eliduc lui a octroyé tout cela et lui a donné bonnement sa permission de partir. Près du château, dans le bois de l'ermitage, à l'endroit où s'élevait la chapelle, elle a fait construire son monastère. Elle y a joint une grande terre, elle y a mis un grand avoir. Quand tout a été prêt,

la dame a voilé sa tête, et trente nonnains avec elle ; puis elle a établi la
règle de son ordre.

Eliduc a pris son amie pour femme : à grand honneur, à beau service,
la fête en a été célébrée le jour qu'il l'a épousée. Ils ont vécu ensemble
5   maints jours, et l'amour entre eux était parfait. Tous deux ont fait de
grandes aumônes et de grands bienfaits jusqu'au jour où ils se sont
consacrés à Dieu.

Près du château, mais de l'autre côté, par grand sens et mûre ré‑
flexion, Eliduc a fait bâtir une église : il y a attaché la majeure partie de sa
10   terre, et tout son or, tout son argent ; il y a mis des moines et des pères
très religieux pour maintenir l'ordre monastique. Quand tout a été
prêt, il n'a guère tardé : avec eux il est entré en religion pour servir Dieu
le Tout‑Puissant.

Auprès de sa première femme, il a envoyé la seconde qui lui était
15   si chère. Et la première l'a reçue comme sa sœur. Elle l'a accueillie à
grand honneur, l'a exhortée à servir Dieu et lui a enseigné la règle de
son couvent.

Elles priaient Dieu pour leur ami, demandant qu'il lui fût miséri‑
cordieux. Et lui, de son côté, priait pour elles. Il leur envoyait des
20   messagers pour savoir comment elles allaient, comment chacune se
réconfortait. Chacun d'eux s'efforçait d'aimer Dieu en bonne foi, et
tous les trois ont fait une très belle fin, grâce au vrai Dieu.

De l'aventure de ces trois, les anciens Bretons courtois ont fait un lai
pour en rappeler le souvenir, car on ne devrait pas l'oublier.

QUESTIONS

SECTION I:

1. Des deux titres de ce lai, lequel préférez‑vous ? Pourquoi ?
2. Pourquoi a‑t‑on banni Eliduc du pays ?
3. Discuter la justesse du proverbe : «Patience du seigneur ne dure pas.»
4. Où se trouve le royaume de Logre ?
5. Avant de s'en aller, quelle promesse Eliduc fait‑il à sa femme ?

6. Quelle est la cause de la guerre à Totness?
7. Décrivez la réception d'Eliduc à la cour.
8. Au troisième jour de son séjour, qu'est-ce qui arrive?
9. Quel est le plan de bataille d'Eliduc?
10. Qu'est-ce qu'un écuyer raconte au roi?
11. Quelle parti du butin Eliduc garde-t-il pour lui-même?
12. La récompense reçue du roi par Eliduc, en quoi consiste-t-elle?

SECTION II:

13. Quel est le message que la fille du roi envoie à Eliduc?
14. Relevez les symptômes de l'amour chez elle.
15. Qu'est-ce qu'elle redoute surtout?
16. Quels présents envoie-t-elle à Eliduc? Où les met-il?
17. De quelle infortune se lamente Eliduc?
18. Quand Eliduc arrive au palais, que fait le roi?
19. De quoi Eliduc parle-t-il à la fille du roi?
20. Pourquoi l'auteur dit-elle que tout réussissait à Eliduc?

SECTION III:

21. Quel message Eliduc reçoit-il de son premier seigneur?
22. Quelle est la seule préoccupation de la fille du roi?
23. Quand Eliduc va-t-il revenir en Angleterre?
24. Pourquoi ne peut-il pas être heureux dans son propre pays?

SECTION IV:

25. Dans quel endroit revoit-il son amie?
26. Où l'emmène-t-il?
27. Quelle difficulté rencontre-t-on en route? Qui blâme-t-on?
28. Que propose-t-on pour résoudre la difficulté?

29. Cette scène dans le vaisseau, la trouvez-vous utile à l'histoire? Justifier votre réponse.

30. Pourquoi Eliduc met-il son amie dans une chapelle?

SECTION V:

31. Que fait-il chaque jour qui suit?

32. Comment sa femme découvre-t-elle le secret d'Eliduc?

33. Quel rôle joue la belette dans l'histoire?

34. Trouvez-vous bonne ou mauvaise la solution du problème de l'homme qui a deux femmes? Discutez.

35. Les trois personnages principaux, quel sort a été le leur?

36. Y a-t-il conflit entre les actions d'Eliduc vers la fin et ses actions au début? Expliquez.

Lais
surnaturels

GUIGEMAR

I

IL EST FÂCHEUX DE NE PAS RÉUSSIR, surtout quand on traite de bons sujets. Entendez, seigneurs, ce que dit Marie qui, de tout temps, ne s'oublie pas. On doit louer celui qui incite des louanges. Mais quand surgit homme ou femme de grand mérite, ceux qui envient son succès disent souvent des propos bas ; ils veulent amoindrir sa valeur. Ainsi ils agissent comme le chien méchant qui mord les gens traîtreusement. Que moqueurs et médisants s'en prennent à moi ne peut me faire abandonner mon projet ; c'est leur droit de médire.

Je vous écrirai brièvement les contes vrais dont les Bretons ont fait des lais. Et tout au début, je vous dirai, à la lettre, une aventure qui est arrivée, il y a longtemps, dans la Petite-Bretagne.

En ce temps-là, Hoel, le roi du pays, vivait souvent en paix, mais fréquemment il était obligé de faire la guerre. Le baron qui lui gardait la contrée de Léon s'appelait Oridial. Le roi l'aimait beaucoup, car c'était un chevalier preux et vaillant. Oridial avait deux enfants, une fille qui s'appelait Noguent et un fils nommé Guigemar. Le fils était

un des plus beaux enfants de tout le royaume. Sa mère l'aimait éperdu⁄
ment et son père avait grand plaisir à le regarder.

Quand le père a pu supporter l'éloignement de son enfant, il l'a
envoyé servir un roi. Sage et preux, le garçon s'est fait aimer de tous.
5   Quand le temps est arrivé, le roi l'a adoubé richement; il lui a donné
des armes en abondance.

Après avoir fait des largesses, Guigemar, en quête de gloire, est parti
de la cour pour la Flandre; il y avait toujours luttes et guerres.

Ni en Lorraine, ni en Bourgogne, ni en Anjou, ni en Gascogne, on
10 n'aurait pu trouver son égal comme chevalier, mais il avait un grand
défaut: il ne s'intéressait pas à l'amour. Il n'y avait dame ni pucelle,
tant fût⁄elle noble ou belle, qui ne l'aurait pas accueilli volontiers s'il
lui avait parlé d'amour. Plusieurs mêmes l'en ont requis. Mais il restait
indifférent; aussi, amis et étrangers le tenaient pour un homme perdu.

15 À la fleur de sa gloire, le chevalier est revenu dans son pays pour voir
son père, son seigneur, sa mère, sa sœur, qui souhaitaient sa venue depuis
longtemps. Au bout d'un mois avec eux, l'envie l'a pris d'aller chasser.
Alors, en pleine nuit, il a convoqué ses chevaliers, ses veneurs,[1] ses rabat⁄
teurs[2] pour préparer le divertissement du lendemain.

20 De grand matin il est entré en forêt. Le voilà sur la piste d'un grand
cerf.[3] On a lâché les chiens. Les veneurs ont couru devant; le jeune
homme les a suivis. Un serviteur lui portait son arc, son couteau et son
chien de chasse. Cherchant où lancer ses flèches, il a vu une biche[4] et
son faon[5] dans l'épaisseur d'un grand buisson. C'était une bête toute
25 blanche, ayant sur la tête les bois[6] d'un cerf. Il a tiré sur elle et l'a frappée
au front; la voilà abattue. Mais la flèche a rebondi, elle a frappé
Guigemar à travers la cuisse et jusqu'à blesser le cheval de sorte qu'il a

---

[1] *veneur*: «huntsman».

[2] *rabatteur*: «beater».

[3] *cerf*: «stag».

[4] *biche*: femelle du cerf.

[5] *faon*: petit du cerf.

[6] *bois*: «antlers», «horns».

été obligé de mettre pied à terre. Il est tombé en arrière sur l'herbe touffue, à côté de la biche qu'il avait frappée. La biche était si douloureusement blessée qu'elle gémissait, se plaignait. Puis elle a parlé ainsi:

«Oï, malheureuse! Je suis morte! Mais toi, vassal, qui m'as blessée, voici ton sort: jamais tu n'auras remède de la blessure dans ta cuisse—ni par herbe, ni par racine, ni par médecin, ni par potion—jusqu'à ce que la dame te guérisse qui souffrira pour l'amour de toi plus grande douleur que jamais femme n'a soufferte; et toi, tu souffriras tant pour elle que tous les amoureux s'en émerveilleront. Va-t-en d'ici! Laisse-moi en paix!»

La plaie de Guigemar était profonde. Ce qu'il a entendu l'a bouleversé. Bien qu'il n'eût plus d'espoir, étant donné qu'il n'avait jamais rencontré femme à laquelle il aurait voulu accorder son amour, il ne voulait pas mourir. Il a appelé son serviteur et lui a dit:

«Ami, va vite! Au galop! Dis à mes compagnons qu'ils reviennent, car je voudrais leur parler.»

L'autre est parti, Guigemar est resté. En gémissant à voix douloureuse, il a bandé sa cuisse blessée, très étroitement avec sa chemise. Puis il est remonté en selle et s'en est allé; il lui tardait d'être loin, car il ne voulait plus la compagnie des siens, de peur d'être retenu dans cet endroit. Il est allé au travers du bois, par un chemin vert, qui l'a mené à une lande. De là il voyait une falaise et des dunes.

Un cours d'eau qui coulait au pied des dunes s'était transformé en bras de mer. Là était un hâvre, où se trouvait un seul vaisseau dont Guigemar apercevait le mât. Le vaisseau était prêt à prendre la mer.

La nef était en bon état, parfaitement enduite de poix[7] au dedans et au dehors. Les chevilles,[8] les crampons[9] étaient en ébène. La voile, toute en soie, était splendide quand on la déployait.

Le chevalier s'étonnait; dans la contrée, il n'avait jamais entendu dire qu'une nef pût aborder là. Il s'est approché, et, à grand-peine, il

[7] *enduire de poix*: «caulk».
[8] *cheville*: «peg».
[9] *crampon*: «clamp».

est monté à bord. Il pensait y trouver des hommes de garde, mais il ne voyait personne.

Au milieu du vaisseau, il y avait un lit dont les montants[10] et les longerons[11] étaient d'or gravé selon la technique de Salomon,[12] et in-
5 crusté de cyprès et d'ivoire blanc. La couette[13] était en drap de soie tissu d'or. Je ne saurais estimer les autres draps, mais de l'oreiller je peux vous dire que celui qui tiendrait sa tête dessus n'aurait jamais les cheveux blancs, tant il était doux. La couverture était en zibeline, doublée de pourpre[14] d'Alexandrie. Deux candélabres d'or fin (le moindre valait
10 un trésor) se trouvaient au chevet. Dans chacun était un cierge allumé.

Guigemar s'est émerveillé de tout cela. Souffrant de sa plaie, il s'est affaissé sur le lit et s'y est reposé un peu. Puis il s'est levé car il voulait s'en aller. Mais il ne pouvait plus regagner la terre. Déjà le vaisseau était en haute mer, il l'emportait rapidement, poussé par un vent doux.
15 Il n'avait plus d'espoir de retourner. Il était très triste, il ne savait que faire, il s'inquiétait de sa plaie qui lui faisait mal. Il lui fallait souffrir l'aventure. Il a prié Dieu de prendre soin de lui, de l'amener à bon port, et de le protéger contre la mort. Puis il s'est recouché sur le lit et s'est endormi.
20 Déjà il a passé le pire de sa souffrance; avant le soir il atteindra le pays de sa guérison, sous une antique ville, qui était la capitale de ce royaume.

II

Le seigneur de la ville, homme très vieux, avait pour femme une dame de haut parage, franche, courtoise, belle, et sage. Il était jaloux
25 outre mesure, car sa nature le voulait. Tous les vieux sont jaloux;

---

[10] *montant*: «post (of a bed)».

[11] *longeron*: «side-piece (of a bed)».

[12] *Salomon*: roi des Juifs, fut réputé au Moyen Age comme grand artisan.

[13] *couette*: «eider-down quilt».

[14] *zibeline doublée de pourpre*: «sable lined with oriental silk cloth».

chacun redoute d'être trompé par sa femme. Voici par où l'âge oblige à passer.

Ce n'était pas une plaisanterie que sa façon de la garder. Sous le donjon, il y avait un verger clos de tous les côtés. Le mur était en marbre vert, haut et très épais, avec une seule entrée qu'on gardait nuit et jour. 5 A l'autre bout s'étendait la mer et personne ne pouvait arriver de ce côté sauf en bateau.

Dans cet endroit, le seigneur, pour s'assurer de sa femme, avait fait construire une chambre. Sous le ciel il n'en était pas de plus belle : à l'entrée, une chapelle ; tout autour de la chambre, des peintures où 10 Vénus, la déesse d'amour, était très bien figurée. Elle enseignait les principes et la pratique de l'amour ; elle tenait à la main ce livre d'Ovide,[15] où il montre comment chacun devrait réprimer son amour, et le jetait dans un feu ardent en excommuniant tous ceux qui le liraient dorénavant ou qui agiraient selon son enseignement. C'est là que la 15 dame avait été mise et enfermée.

Son mari lui avait donné une pucelle pour son service ; c'était une fille noble et bien élevée, fille de sa sœur. Ces deux femmes s'aimaient l'une l'autre. Elles restaient ensemble quand le seigneur s'absentait. Tant qu'il n'était pas rentré, homme ni femme ne pénétrait dans le verger 20 et elles n'en sortaient. Un vieux prêtre blanc et chenu, un eunuque, gardait la clef de la porte du mur d'enceinte. Il célébrait devant la dame le service de Dieu et il la servait à son manger.

Ce jour-là, tôt dans l'après-midi, la dame est allée dans le verger. Elle avait dormi après le déjeuner, elle avait envie de se promener. La 25 pucelle l'accompagnait. Ayant jeté leurs regards vers le rivage de la mer, elles ont vu venir sur la marée montante la nef qui faisait voile droit au hâvre ; mais elles n'apercevaient pas de timonier[16] à son bord.

La dame voulait s'enfuir. Ce n'était pas merveille si elle avait peur ; tout son visage en était décoloré. Mais la pucelle, qui était plus hardie de 30

---

[15] *livre d'Ovide* : *Remedia amoris* (*les remèdes de l'amour*), par ce poète latin (43 av. J.-C.– 16 apr. J.-C.).

[16] *timonier* : matelot chargé du gouvernail.

cœur, l'a réconfortée, l'a rassurée, puis a couru rapidement vers le vaisseau. Dévêtue de son manteau, elle est montée à bord. Elle n'y a trouvé
chose vivante, excepté le chevalier qui dormait. Elle s'est arrêtée, l'a
regardé, et le voyant très pâle, le croyait mort.

5   Elle a regagné vite la terre et a appelé sa dame. Elle lui a dit tout ce
qu'elle avait vu, en plaignant beaucoup le mort. La dame a répondu :
       «Allons-y. S'il est mort, nous l'enterrerons avec l'aide de notre
prêtre. Si je le trouve vivant, il parlera.»
       Sans tarder davantage, elles sont allées vers la nef, la dame suivie de
10   la demoiselle.
       Une fois dans la nef, elle s'est arrêtée devant le lit. Elle a regardé le
chevalier et, tristement, elle a pleuré son corps, son beau visage, sa
jeunesse infortunée. Elle a mis la main sur sa poitrine ; elle l'a sentie
chaude, et le cœur sain, qui battait sous les côtes.

15   Le chevalier s'est éveillé et l'a regardée. Il l'a saluée, il est très joyeux.
Il savait bien qu'il était arrivé au port.
       La dame, désolée et soucieuse, lui a répondu gentiment, et lui a
demandé comment il était arrivé, de quel pays il venait, s'il était exilé.
       «Dame, fait-il, ce n'est rien de tout cela. Si vous voulez que je vous
20   dise la vérité, je le ferai sans rien cacher. Je suis de la Petite-Bretagne.
Aujourd'hui même je chassais dans un bois. J'ai tiré sur une biche
blanche, mais la flèche est revenue sur moi ; elle m'a si grièvement blessé
à la cuisse que je crois ne jamais devoir guérir. Et la biche s'est plainte,
avec une voix humaine. Elle m'a maudit, elle m'a souhaité un sort
25   lamentable : la guérison seulement grâce à une femme inconnue. Quand
j'ai entendu cette prédiction, je suis sorti hâtivement du bois. J'ai vu
cette nef dans un hâvre et j'y suis monté. C'était une folie, car la nef est
partie aussitôt. Je ne sais où je suis. Belle dame, pour Dieu, je vous prie,
conseillez-moi ! Je ne sais où aller, et je ne peux gouverner le vaisseau.»
30   Elle lui a répondu :
       «Beau cher seigneur, je vous conseillerai volontiers. Cette ville est à
mon mari, et aussi la contrée d'alentour. C'est un homme riche, de haut
parage, mais il est très âgé et excessivement jaloux. Par la foi que je vous
dois, il m'a enfermée dans cet enclos. Il n'y a qu'une seule entrée et un

vieux prêtre garde la porte. Fasse Dieu que le feu d'enfer le brûle ! C'est
ici que je vis nuit et jour. Je ne peux pas en sortir sans la permission ou
sans l'ordre de mon seigneur. C'est ici que j'ai ma chambre, ma chapelle, et la compagne que voici. Si vous voulez demeurer jusqu'à ce
que vous puissiez marcher mieux, nous vous soignerons bien et nous   5
vous servirons volontiers.»

Guigemar a remercié doucement la dame et a accepté son invitation.
Et, presque sans aide, il s'est mis debout.

La dame l'a emmené dans sa chambre. Sur le lit de la pucelle,
derrière un panneau,[17] qu'elles avaient dressé comme une courtine, elles   10
ont couché le jeune homme. Elles ont apporté de l'eau dans des bassins
d'or et ont lavé sa cuisse blessée ; elles ont enlevé le sang tout autour de la
plaie avec un beau tissu de toile de lin blanc, puis l'ont bandée étroitement. Elles ont pris grand soin de lui. Quand on leur a apporté, le
soir, leur repas, la pucelle en a réservé assez pour le chevalier ; et il a pu   15
manger et boire très bien.

Mais Amour l'avait frappé tout vif ; désormais il avait dans le cœur
un grand combat causé par la dame. Il a oublié son pays et même sa
plaie. Il a poussé des soupirs d'angoisse. Il a prié la pucelle qui le servait
de le laisser dormir ; elle y a consenti et s'en est allée. Elle a rejoint sa   20
dame dont le cœur était allumé du feu qui tourmentait Guigemar.

Resté seul, il était pensif et angoissé. Il ne savait encore ce que cela
signifiait, mais néanmoins il comprenait bien que si la dame ne le
guérissait, il mourrait.

«Hélas, dit-il, que ferai-je ? Je lui dirai d'avoir pitié de ce mal-   25
heureux abandonné. Si elle rejette ma prière et se montre orgueilleuse,
je n'aurai plus qu'à mourir de douleur ou à languir de ce mal toute
ma vie.»

Alors, il a soupiré, et bientôt il a décidé qu'il devrait supporter ses
souffrances car il n'avait pas d'autre choix. Toute la nuit il a veillé, bien   30
affligé ; il s'est rappelé les paroles, les façons, les yeux clairs, la belle
bouche qui lui ont pris le cœur. Entre ses dents il a crié merci à la dame ;

---

[17] *panneau* : «screen».

il a failli l'appeler son amie. Mais s'il avait su comment Amour la tor‑
turait, il en aurait été bien heureux. Un peu de réconfort aurait adouci
la douleur qui lui ôtait toute couleur.

    S'il souffrait le mal d'amour, la dame n'était pas dans un état diffé‑
rent. De grand matin, avant l'aube, elle s'est levée. Elle s'est plainte
d'avoir passé une nuit blanche; c'était qu'Amour la torturait. La jeune
fille qui la servait a deviné à son visage qu'elle aimait le chevalier qui
reposait dans leur chambre. Mais elle ne savait si lui aussi l'aimait ou
non.

    La dame est entrée dans la chapelle, la pucelle est allée chez le che‑
valier. Après s'être assise devant le lit, il lui a dit:

    «Amie, où est allée ma dame? Pourquoi s'est‑elle si tôt levée?»

    Alors, il s'est tu et a jeté un soupir.

    La jeune fille lui a adressé la parole:

    «Sire, vous êtes tombé amoureux; il est inutile de le nier! Vous
pouvez bien l'avouer car ce sera un bel amour: elle est belle et vous
êtes beau. Mais qui veut être aimé de ma dame doit être fidèle et discret;
cet amour sera beau si vous êtes tous les deux constants.»

    Il lui a répondu:

    «Je suis épris d'un tel amour que ce mal ne peut que devenir pire,
si je n'ai pas de secours. Ma douce amie, conseillez‑moi. Que ferai‑je?»

    La pucelle, avec grande douceur, a réconforté le chevalier et l'a
assuré de tous ses bons services. Elle était très courtoise et aimable.

    Après la messe, la dame est revenue. Elle s'est empressée de savoir
ce qu'il faisait, s'il veillait ou dormait, celui qui avait tourmenté son
cœur. La pucelle l'a conduite auprès du chevalier. Ainsi il pourrait
tout à loisir lui découvrir ses sentiments. Il l'a saluée, elle l'a salué.
Tous les deux étaient bien émus.

    Il n'osait rien lui demander. Etant de terre étrangère, il avait peur,
s'il avouait son amour, qu'elle ne le prît en haine et ne l'éloignât. Mais
qui ne montre pas sa maladie ne peut recouvrer la santé. Et l'amour est
comme une plaie dans le corps, dont rien n'apparaît à l'extérieur. C'est
un mal qui nous tient longtemps, pour ce qu'il vient de nature. Plusieurs
s'en moquent, comme ces individus qui font la cour à toutes les femmes
et puis se vantent de ce qu'ils font. Or ce n'est pas là amour, mais folie,

méchanceté et débauche. Qui trouve un amour loyal doit le servir, le chérir et faire tous ses commandements.

Guigemar aimait profondément : ou il aura du secours sans délai ou il sera obligé de vivre contrairement à ses désirs. Amour l'a fait hardi : il a découvert sa pensée.   5

«Dame, fait-il, je meurs. Mon cœur est en grande angoisse. Il ne me reste qu'à mourir si vous ne voulez pas m'accorder votre amour. Belle amie, ne m'éconduisez pas !»

Elle lui a répondu gracieusement ; elle lui a dit en riant :

«Ami, je n'ai pas du tout l'habitude d'accorder vite une pareille   10 demande !

—Dame, fait-il, pour Dieu, pitié ! Ne soyez pas fâchée par ce que je dis. Une femme coquette doit se faire longtemps prier pour augmenter sa valeur et pour qu'on ne la croie peu chaste. Mais la dame de bonnes pensées, au sens droit, quand elle trouve un homme accordé avec elle,   15 ne fait pas la fière avec lui ; elle l'aime, en prend sa joie, et avant que nul le sache, ils en auront bien profité. Belle dame, finissons ce débat.»

La dame a pensé qu'il était dans le vrai. Elle lui a accordé immédiatement son amour. Voilà Guigemar heureux. Ils ont joué et parlé ensemble, et souvent se sont baisés et embrassés. Et ils ont joui d'autres   20 caresses que les amoureux connaissent bien.

Pendant un an et demi, Guigemar a vécu près d'elle. Leur vie était très agréable. Mais bientôt la fortune a tourné sa roue, mettant dessous le dessus. Il en est advenu ainsi d'eux, car on s'est aperçu de leur amour.

III

Un matin d'été, la dame reposait aux côtés de son ami. Après avoir   25 baisé sa bouche et son visage, elle lui a dit :

«Beau doux ami, mon cœur m'avertit que je vais vous perdre. Nous allons être vus et découverts, c'est sûr. Si vous mourez, je ne veux plus rester en vie ; mais si vous réchappez, vous aimerez une autre femme, et moi, je resterai seule avec ma douleur.   30

—Dame, fait-il, ne dites plus cela ! Que je n'aie jamais joie ni paix, si j'ai recours à une autre femme ! N'ayez pas peur de cela.

—Ami, rassurez-moi. Donnez-moi votre chemise ; je ferai un nœud avec le pan de dessus. Je vous permets d'aimer celle qui saura dénouer l'étoffe.»

Il lui a donné sa chemise. Elle a fait un nœud tel qu'aucune femme ne pourrait le défaire sans y mettre la force ou le couteau. Puis elle lui a rendu sa chemise. Il l'a reçue, à la condition qu'elle le rende sûr d'elle par une ceinture dont il l'a ceinte sur sa chair nue autour des flancs. Qui pourrait ouvrir la boucle sans rompre ou déchirer la ceinture aurait permission de l'aimer. Puis il l'a embrassée, et les choses en sont restées là.

Ce jour même ils ont été aperçus par un chambellan soupçonneux. Son sire l'avait envoyé parler à la dame ! Ne pouvant entrer dans la chambre, il a regardé par la fenêtre. Il les a vus dans une situation compromettante. Il est retourné chez son seigneur et lui a tout dit. Quand le sire l'a entendu, il s'est mis dans une colère terrible. Avec trois de ses intimes, il est allé tout de suite à la chambre, a fait enfoncer la porte, a trouvé dedans le chevalier. Dans sa colère, il a commandé qu'on le tuât.

Guigemar s'était levé, sans s'émouvoir aucunement. Il avait saisi une grosse barre de sapin à laquelle on accrochait les vêtements, et les attendait. Il allait faire du mal à quelques-uns ; avant même d'avoir pu approcher de lui, tous seraient estropiés.[18]

Le seigneur l'a bien regardé ; il lui a demandé qui il était, qui était son père, comment il est entré là-dedans. Guigemar a conté son arrivée et son accueil de la part de la dame. Il a parlé de l'aventure de la biche blessée, de la nef, de sa plaie. Le seigneur a répondu qu'il n'en croyait rien, mais s'il disait la vérité, il pourrait partir en mer, la nef une fois retrouvée. Tant pis s'il se sauvait, tant mieux s'il se noyait.

Il a donné à Guigemar son assurance de ne pas lui faire de mal. Puis ils sont allés ensemble au port. La nef était déjà là. Ils l'ont fait monter dedans ; le voilà en route pour son pays.

Le chevalier a fondu en pleurs et en soupirs. Il regrettait la dame et priait Dieu le Tout-Puissant de lui donner une mort rapide sur mer, s'il ne devait plus revoir son amie qu'il aimait plus que la vie.

---

[18] *estropié* : privé de l'usage d'un ou de plusieurs membres.

Il menait encore grande douleur quand la nef est entrée dans le port où il l'avait trouvée pour la première fois. Il l'a quittée aussi vite qu'il a pu. Il était tout près de son pays.

Un jeune homme, jadis à son service, passait par là, accompagnant un chevalier, et menait un destrier[19] par la bride. Guigemar l'a reconnu, il l'a appelé. Le jeune homme a regardé, il a vu son seigneur, a sauté à terre et lui a présenté le meilleur des deux chevaux. Tous deux s'en sont allés ensemble. Joyeux sont ses amis de l'avoir retrouvé!

Malgré l'estime dont il jouissait dans son pays, Guigemar demeurait toujours triste et pensif. On le pressait, sans succès, de prendre femme. Jamais il ne voudrait d'une femme, si grandes que fussent sa richesse et sa beauté, qui n'aurait pu défaire le nœud de sa chemise sans la déchirer. La nouvelle s'est répandue partout en Bretagne; il n'y avait dame ni pucelle qui ne vînt s'essayer; mais nulle ne pouvait le dénouer.

IV

Revenons à la dame que Guigemar aimait tant. Sur le conseil d'un de ses barons, son seigneur l'avait emprisonnée dans une tour de marbre gris. Le jour, elle souffrait; la nuit, pis encore. Nul au monde ne pourrait conter la grande peine, la douleur, l'angoisse, le martyre que la dame éprouvait dans cette tour. Elle y a demeuré deux ans et plus, sans plaisir ni joie. Elle pleurait souvent son ami:

«Guigemar, sire, c'était pour mon malheur que je vous ai vu! Mieux vaut mourir vite que souffrir plus longtemps ce mal! Ami, si je puis m'échapper, là où vous avez pris la mer, je me noierai!»

Alors, elle s'est levée et, bien abattue, elle est allée jusqu'à la porte. Elle n'y a trouvé ni clef ni serrure. Elle est sortie à l'aventure. Personne ne l'a arrêtée. Elle est venue au port; la nef était là, attachée au rocher d'où elle voulait se précipiter.

Quand elle l'a vue, elle est entrée dedans. Puis une pensée lui est venue: son ami se serait-il noyé? Elle ne pouvait plus se tenir debout;

---

[19] *destrier*: cheval de bataille.

si elle avait été près du bord, elle serait tombée dans la mer, tant cette pensée la tourmentait et la faisait souffrir.

Le bateau s'en est allé et l'a emportée rapidement. Elle est arrivée dans un port de Bretagne, sous un château bien fortifié. Le seigneur de
5 ce château s'appelait Meriadus. Il guerroyait contre un de ses voisins. Il s'était levé de bonne heure pour envoyer ses gens causer du dommage à son ennemi. D'une fenêtre, il a vu arriver la nef.

Il est descendu les degrés, a appelé son chambellan, tous deux se sont hâtés vers la nef, et sont montés à bord par l'échelle. Dedans ils ont
10 trouvé la dame, dont la beauté était celle d'une fée. Il l'a saisie par le manteau et l'a emmenée avec lui dans son château. Il était très heureux de la trouvaille, car elle était extrêmement belle. Il ne savait pas qui l'avait mise dans ce bateau, mais néanmoins il a deviné qu'elle était de haut parage ; et il se sentait épris d'un grand amour.

15 Il avait une sœur pucelle. Il a conduit la dame dans sa chambre et la lui a confiée. Elle l'a servie très bien, l'a vêtue et l'a parée avec grand respect ; la dame restait pensive et morne. Meriadus allait souvent lui parler, car il l'aimait tant. Il la priait d'amour ; elle l'écoutait froidement et lui montrait sa ceinture : jamais elle n'aimerait que celui qui l'ouvri-
20 rait sans la déchirer. Mis en colère, il a répondu :

«Il y a aussi dans ce pays un chevalier renommé qui se défend de prendre femme, à cause d'une chemise dont le pan droit est noué ; et il ne peut être délié si l'on n'y met pas la force ou le couteau. C'est vous, je crois, qui avez fait ce nœud.»

25 Quand elle l'a entendu, elle a soupiré et a failli se pâmer. Il l'a reçue dans ses bras, a tranché les lacets de sa tunique ; il a voulu ouvrir la ceinture, mais n'en a pu venir à bout. Puis il l'a fait essayer à tous les chevaliers du pays, sans aucun succès.

V

Meriadus a promis alors de tenir un tournoi contre son ennemi. Il a
30 fait venir des chevaliers pour l'aider. Il a mandé particulièrement Gui-

gemar, en retour des services qu'il lui avait rendus, l'appelant son ami et bon compagnon. Guigemar est venu, richement escorté d'une centaine de chevaliers. Meriadus l'a hébergé à grand honneur dans sa tour.

Il a mandé à sa sœur de s'apprêter et de venir avec la dame qu'il aimait. Elles ont obéi et, vêtues richement, la main dans la main, elles sont entrées dans la salle. La dame était pâle et pensive. Quand elle a entendu le nom de Guigemar, elle ne pouvait plus se tenir debout, et si sa compagne ne l'avait pas retenue, elle serait tombée à terre.

Guigemar s'est levé à leur rencontre; il a regardé la dame, son visage, sa manière, et il a reculé un peu.

«Est-ce, fait-il, ma douce amie, mon espérance, mon cœur, ma vie, ma belle dame qui m'aimait? D'où vient-elle? Qui l'a amenée ici? Or, tout ce que je viens de dire est folie. Je sais bien que ce n'est pas elle; les femmes se ressemblent souvent. Je m'égare sans raison. Mais pour l'amour de celle à qui elle ressemble, et pour laquelle mon cœur tremble et soupire, je veux lui parler.»

Donc le chevalier s'est avancé; il l'a embrassée et s'est assis près d'elle; mais il n'a pu rien lui dire, excepté de la prier de s'asseoir aussi.

Meriadus les regardait; cette scène lui déplaisait beaucoup. Il a dit en riant à Guigemar:

«Sire, si vous vouliez, cette pucelle essayerait de défaire votre chemise, pour voir si elle y pourrait quelque chose.

—Je veux bien,» a dit Guigemar.

Il a appelé un chambellan qui avait la garde de la chemise et lui a commandé de l'apporter. On l'a donnée à la pucelle; mais elle n'a pas voulu la dénouer. Ayant reconnu le nœud, elle était très agitée; volontiers elle s'y essayerait si elle pouvait ou si elle osait. Meriadus a remarqué cela et il en était accablé.

«Dame, fait-il, essayez donc de la défaire.»

Quand elle a entendu ce commandement, elle a pris le pan de la chemise et l'a dénoué facilement. Le chevalier s'est émerveillé; il la reconnaissait, mais cependant il ne pouvait croire fermement que ce fût elle. Il lui a dit:

«Amie, douce créature, est-ce vraiment vous? Dites-moi la vérité.

Laissez-moi voir sur votre corps la ceinture dont je vous ai ceinte.»

Il lui a mis les mains sur les côtés et a senti la ceinture.

«Belle amie, dit-il, quelle aventure de vous trouver ici! Qui vous y a amenée?»

5   Elle lui a raconté sa douleur, ses grandes tribulations et la tristesse de sa prison, et comment elle s'est échappée, comment elle voulait se noyer, comment elle a trouvé la nef qui l'a emportée jusqu'à ce port, et a été retenue par le chevalier. Il l'a entourée d'honneurs, mais la priait d'amour tous les jours. Maintenant elle a retrouvé la joie.

10   «Ami, emmenez votre amie!»

Guigemar s'est levé.

«Seigneurs, dit-il, écoutez-moi! Je viens de retrouver mon amie que je croyais perdue. Je prie et requiers Meriadus de me la rendre. Je deviendrai son homme-lige; je le servirai deux ans ou trois, avec cent

15   chevaliers ou plus.

—Guigemar, dit Meriadus, je ne suis pas tellement dans l'embarras et dans la détresse que j'aie besoin de votre aide. Je l'ai trouvée, je la garde! Et contre vous je la défendrai.»

Sur ces mots, Guigemar a commandé à ses hommes de monter à

20   cheval. Ayant jeté un défi formel à Meriadus, il est parti, malgré sa peine de quitter son amie. Il n'y avait pas là chevalier venu pour le tournoi qui n'ait suivi Guigemar. Chacun lui a donné sa foi.

Ce soir, ils sont arrivés chez l'ennemi de Meriadus. Ce seigneur les a hébergés, car il était très content d'avoir l'aide d'un tel chevalier; il

25   savait que la guerre touchait maintenant à sa fin.

Le lendemain, on s'est levé de bonne heure et on s'est armé; puis tous sont sortis bruyamment de la ville, Guigemar en tête. Arrivés au château ennemi, ils ont tenté un assaut, qui n'a pas réussi. Alors Guigemar a assiégé la ville.

30   Bientôt, les défenseurs ont manqué de vivres. Guigemar a pris le château et y a tué le seigneur. Puis il a emmené son amie avec grande joie. Maintenant leurs maux étaient finis.

Avec ce conte que vous avez entendu, on a fait le lai de «Guigemar». On le chante sur la harpe ou sur la rote;[20] et la mélodie en est très jolie.

QUESTIONS

SECTION I:

1. Comment sait-on que Marie est fière de son travail?
2. Quelle sorte de gens déteste-t-elle en particulier?
3. Nommez les enfants d'Oridial.
4. Pourquoi Guigemar va-t-il en Flandre?
5. A quoi reste-t-il indifférent? Est-ce un crime, un péché, un inconvénient?
6. Quel mal lui arrive-t-il à la chasse?
7. Par quel moyen sera-t-il guéri?
8. Quel est le caractère magique de l'oreiller?
9. Guigemar n'a pu quitter le bateau. Pourquoi pas?
10. Quelle prière adresse-t-il à Dieu?

SECTION II:

11. Pourquoi les vieux sont-ils jaloux? Etes-vous d'accord?
12. Où le seigneur garde-t-il sa femme?
13. Que montre le livre d'Ovide? Pourquoi Vénus rejette-t-elle la lecture de ce livre?
14. Qui garde la clef de la porte?
15. A l'arrivée de la nef, qu'est-ce qui effraye la dame?
16. Quelle invitation donne-t-elle à Guigemar?
17. Comment lui procure-t-on de la nourriture?
18. De quoi Guigemar a-t-il peur?
19. Avez-vous l'impression que l'auteur aime les Don Juan? Expliquez.
20. Pendant combien de mois Guigemar reste-t-il auprès de la dame?

---

[20] *rote*: ancien instrument de musique, très semblable au violon.

SECTION III:

21. Un matin d'été, que lui dit-elle?
22. Que signifie le nœud à la chemise?
23. Qu'est-ce que le chambellan voit par la fenêtre?
24. Avec quoi Guigemar veut-il se défendre?
25. Pourquoi remonte-t-il dans la nef?
26. Comment se procure-t-il un cheval?
27. A quelle condition prendrait-il femme?
28. Qui a tenté l'épreuve?

SECTION IV:

29. Combien de temps après le départ de Guigemar tient-on prisonnière son amie?
30. Que décide-t-elle de faire enfin?
31. Comment arrive-t-elle en Bretagne?
32. Qui est Meriadus?
33. Pourquoi la dame écoute-t-elle froidement toute parole d'amour?
34. Tous les chevaliers du pays, que font-ils?

SECTION V:

35. Comment Guigemar arrive-t-il au tournoi?
36. Pourquoi ne reconnaît-il pas la dame?
37. Qu'est-ce qui déplaît à Meriadus?
38. Réussit-elle à prouver qu'elle est l'amie de Guigemar? Comment?
39. Pourquoi Guigemar quitte-t-il le tournoi?
40. Où va-t-il?
41. Comment chante-t-on ce lai?
42. Enumérez les cas de magie dans ce conte.

LE BISCLAVRET

I

PUISQUE JE M'OCCUPE À FAIRE DES LAIS, je ne veux pas omettre «Le Bisclavret».[1] «Bisclavret», c'est le nom en Breton, mais les Normands disent «Garou».[2]

Jadis on pouvait entendre conter, car la chose se faisait souvent, que certains hommes devenaient garous et tenaient leur demeure dans les bois. Garou, c'est bête sauvage; tant qu'il est en proie à sa fureur, il dévore les hommes, il fait grand mal, il erre et loge dans les grandes forêts. Mais laissons cela; je veux commencer à vous conter «Le Bisclavret».

En Bretagne demeurait un baron dont j'ai entendu maintes louanges. C'était un chevalier beau et bon, qui se comportait noblement. Il avait l'affection de son seigneur et l'amitié de tous ses voisins. Son épouse était une femme de grand prix et de bonne apparence. Il l'aimait et elle

---

[1] *bisclavret* : «werewolf».
[2] *garou* : c'est-à-dire, loup-garou («werewolf»).

l'aimait. Mais une chose ennuyait fort la dame : chaque semaine il dis⁄
paraissait pendant trois jours entiers et elle ne savait ce qu'il devenait ni
où il allait ; nul des siens n'en savait rien non plus.

Un jour comme il était de retour, joyeux et gai, elle le lui a demandé.

5 «Sire, dit⁄elle, beau doux ami, il est une chose que je vous deman⁄
derais bien volontiers, si je l'osais ; mais je crains tant votre colère. Je ne
redoute rien davantage.»

Quand il l'a entendu, il l'a tirée à lui, l'a accolée[3] et l'a baisée.

«Dame, fait⁄il, parlez ; je suis prêt à répondre à n'importe quelle
10 question.

—Par ma foi, dit⁄elle, me voilà sauvée ! Sire, j'ai tellement peur les
jours où vous me quittez ! Je sens au cœur si grande peine et je suis si
effrayée de vous perdre que, si je n'en ai pas de réconfort très vite, il se
pourrait que bientôt je meure. Alors, dites⁄moi où vous allez, où vous
15 restez, où vous vous logez. Ma pensée, c'est que vous aimez ailleurs et
si j'ai raison, vous faites un péché.

—Dame, fait⁄il, pour Dieu, de grâce ! Il m'en viendra du mal si je
vous le dis ; cela vous éloignera de m'aimer et je me perdrai moi⁄même.»

Quand la dame l'a entendu, elle ne l'a pas pris à la légère. Elle l'a
20 pressé de questions ; elle l'a tellement flatté et trompé par des caresses
que finalement il lui a conté son aventure, sans rien celer.

«Dame, je deviens bisclavret. Dans la grande forêt, je me mets à
l'endroit le plus épais, et j'y vis de proie et de rapine.»

Quand il avait tout raconté, elle lui a demandé s'il ôtait ses vêtements
25 ou s'il allait vêtu.

«Dame, fait⁄il, je me dépouille.[4]

—Dites⁄moi donc où vous laissez vos habits ?

—Cela, dame, je ne le dirai pas ; car si je les perdais, je resterais
bisclavret à jamais. Et mon malheur serait sans recours jusqu'à ce qu'ils
30 me soient rendus. Aussi, je ne veux pas que la cachette soit connue.

—Sire, lui répond la dame, je vous aime plus que le monde entier.

---

[3] *accoler* : jeter les bras autour de quelqu'un pour l'embrasser.
[4] *se dépouiller* : ici, ôter les habits.

Vous ne devez pas me cacher ceci, ni douter de moi en aucune chose ; cela serait vilain. Qu'ai-je fait de mal, pour quel péché doutez-vous de moi ? Dites-moi tout, vous ferez bien.»

Tant elle l'a pressé, tant elle l'a tourmenté, qu'il n'a pu faire autre-ment que de tout lui dire.   5

«Dame, fait-il, vers ce bois, près du chemin par où je passe, se trouve une vieille chapelle qui maintes fois m'est d'un grand secours. C'est là, sous un buisson, dans une pierre creuse et large, cavée en dedans. J'y laisse mes vêtements, jusqu'au moment où je reviens chez nous.»

Quand elle a entendu ces mots, la dame est devenue toute vermeille   10 de peur ; l'aventure la remplissait d'effroi. Elle s'est demandé de maintes façons comment elle pourrait quitter son mari, car elle ne voulait plus rester avec lui.

Il y avait dans le pays un chevalier qui l'aimait depuis longtemps et qui lui faisait la cour et toutes sortes de services, sans réponse de sa part. 15 Elle l'a fait venir et lui a découvert son cœur.

«Ami, dit-elle, soyez heureux ! Ce dont vous êtes tourmenté, je vous l'accorde sans délai ; je ne résiste plus. Je vous octroie mon amour et mon corps : faites de moi votre amie !»

Il l'en a remercié bonnement et a pris ce qu'elle lui avait promis ;   20 ensuite elle lui a fait jurer de faire son commandement. Puis elle lui a dit où son mari allait, ce qu'il devenait ; elle lui a enseigné la route qu'il suivait vers la forêt. Et elle l'a envoyé s'emparer de sa dépouille.

Voilà le Bisclavret trahi et perdu par sa femme. Comme il disparais-sait souvent, tous croyaient que cette fois il était définitivement parti. 25 On s'est informé et on l'a cherché, mais sans succès ; alors on a aban-donné la recherche. Et la dame a épousé celui qui l'aimait depuis si longtemps.

II

Alors toute une année s'est écoulée. Un jour le roi a eu envie de chasser. Il est venu droit à la forêt où se tenait le Bisclavret. Les chiens, 30

une fois découplés, l'ont rencontré. Chiens et veneurs ont couru après lui toute la journée, tant qu'ils étaient sur le point de l'attraper, de le dé⁓ chirer, de le mettre à mort. Mais dès qu'il a aperçu le roi, il a couru vers lui pour demander merci. Il l'a pris par son étrier,⁵ lui a baisé le pied et
5 la jambe. Le roi en a eu grand peur; il a appelé tous ses compagnons.

«Seigneurs, dit⁓il, avancez! Regardez cette chose surprenante, comme cette bête s'humilie! Elle a sens d'homme, elle crie merci. Ecartez tous ces chiens, prenez garde que vous ne la frappiez! Cette bête a sens et raison. Allons, hâtez⁓vous! J'accorde ma paix à la bête:
10 je ne chasserai plus aujourd'hui.»

Là⁓dessus, le roi s'en est retourné. Le Bisclavret l'a suivi; il se tenait tout près de lui et ne voulait pas le quitter. Le roi l'a emmené en son château; il était très content de lui, car il n'avait jamais vu son pareil; il le considérait comme une merveille et l'entourait de soins
15 attentifs.

Il a commandé à tous les siens, sur l'amitié qu'il leur témoignait, de le garder bien, de ne pas lui méfaire, de ne jamais le frapper; mais de lui donner à boire et à manger. Ils le gardaient volontiers. Il allait se coucher toujours parmi les chevaliers et près du roi. Il n'y avait personne
20 à la cour qui ne le chérissait, tant il était franc et aimable: jamais il ne voulait faire de mal. Il suivait le roi constamment; ils ne se quittaient plus.

Entendez donc ce qui est arrivé après! A une cour qu'a tenue le roi, il avait mandé tous ses barons, pour faire sa fête plus belle. Le chevalier
25 qui possédait la femme du Bisclavret y est allé richement apprêté. Il ne soupçonnait rien et ne croyait pas rencontrer le mari de si près.

D'un seul élan le Bisclavret a couru vers cet homme dès son arrivée au palais: il l'a saisi avec ses dents et l'a entraîné. Sans l'intervention du roi qui l'a appelé et l'a menacé d'un bâton, il lui aurait fait grand mal.
30 Deux fois ce jour⁓là il a voulu le mordre. La plupart des barons étaient

---

⁵ *étrier*: sorte d'anneau en métal suspendu de chaque côté de la selle et dans lequel le cavalier met le pied.

étonnés, car il n'avait auparavant agi ainsi avec personne. On disait
dans le palais qu'il ne le faisait pas sans motif, que le chevalier lui avait
fait du tort, car l'animal voulait se venger.

Les choses en sont restées là jusqu'à la fin de la fête et jusqu'au
départ des barons. Avec les premiers s'en est allé le chevalier que le   5
Bisclavret avait attaqué; ce n'était pas merveille s'ils se haïssaient.

Peu de temps après, le roi, suivi de la bête, est retourné dans la forêt
où il avait trouvé le Bisclavret. Après une journée de chasse, il s'est
logé dans la contrée. La femme du Bisclavret l'a appris. Elle est venue le
lendemain, apprêtée d'une manière avenante, pour parler au roi et lui   10
offrir un riche cadeau.

Quand le Bisclavret l'a vue venir, nul ne pouvait le retenir: il a
couru vers elle comme pris de rage. Entendez comme il s'est bien vengé:
il lui a arraché le nez de la figure! Qu'aurait-il pu lui faire de pis? De
tous les côtés on le menaçait; on allait le tailler en pièces quand un   15
homme sage a dit au roi:

«Sire, écoutez-moi! Cette bête a vécu avec vous; nous l'avons tous
observée longuement et de près. Jamais elle n'a touché à personne ni n'a
commis de félonie, si ce n'est envers la dame que voici. Par la foi que je
vous dois, la bête a quelque raison de courroux[6] contre elle et contre son   20
mari. C'est la femme du chevalier que vous aimiez tant, qui a disparu
il y a longtemps, et dont nous n'avons plus eu de nouvelles. Mettez la
dame à la torture et elle nous dira, peut-être, pourquoi cette bête la hait;
faites-le lui dire si elle le sait! Nous avons déjà vu tant de merveilles
advenir en cette terre de Bretagne!»   25

Le roi a suivi ce conseil. Il a retenu le chevalier; d'autre part il a fait
saisir la dame et l'a soumise à la torture. Tant par détresse que par
peur, elle a tout avoué: comment elle avait trahi son seigneur, comment
elle avait dérobé ses vêtements, quel récit il lui avait fait de ses actions
nocturnes. Depuis qu'elle lui avait pris ses habits, on ne l'avait plus   30
revu dans la contrée, mais elle croyait bien que la bête était le Bisclavret.

---

[6] *courroux*: colère.

Puis le roi a demandé les vêtements. Que la dame en eût deuil ou plaisir, il les a fait apporter et donner au Bisclavret. Mais quand on les a mis devant lui, il s'est détourné.

Le prud'homme qui avait déjà conseillé le roi lui a dit :

5 «Sire, vous ne faites pas ce qu'il convient de faire. Pour rien au monde celui-ci ne se rhabillera, ni ne changera sa semblance de bête devant vous. Vous ne savez pas à quoi cela tient : il en a très grande honte. Faites-le mener en vos chambres, et qu'on y porte ses vêtements ; laissez-le un grand moment. Nous verrons bien s'il redevient homme.»

10 Le roi lui-même l'y a mené et a refermé sur lui toutes les portes. Après quelque temps, il y est retourné, avec deux barons. Tous les trois sont rentrés dans la chambre. Sur le propre lit du roi, ils ont trouvé le chevalier qui dormait. Le roi a couru l'embrasser ; il l'a accolé et baisé plus de cent fois. Aussitôt que possible, il lui a rendu toute sa terre ; il 15 lui a donné plus que je ne saurais dire.

Quant à la femme, il l'a chassée de la contrée. L'homme pour qui elle avait trahi son seigneur est parti avec elle. Elle en a eu beaucoup d'enfants dont les traits étaient bien marqués : la plupart des femmes de ce lignage sont nées sans nez et ont vécu ainsi, énasées.[7]

20 L'aventure que vous avez entendue est vraie, n'en doutez pas. Et on en a fait ce lai du «Bisclavret» pour en conserver le souvenir à jamais.

QUESTIONS

SECTION I:

1. Quel est l'équivalent du mot bisclavret en normand et en français ?
2. Qu'est-ce qui ennuie la dame ?
3. De quoi a-t-elle peur ?
4. Que veut-elle savoir ?
5. Pourquoi n'est-il pas enclin à répondre ?
6. Où laisse-t-il ses vêtements quand il devient loup-garou ?

---

[7] *énasé* : sans nez.

7. Pourquoi prend-elle un amant?
8. Devinez-vous pourquoi la dame veut s'emparer des vêtements de son mari?
9. Qu'est-ce que tout le monde croyait?

SECTION II:

10. Qui retrouve le loup-garou? Au bout de combien de temps? Où?
11. A qui le loup s'attaque-t-il?
12. Répondez à la question de l'auteur: qu'aurait-il (le loup) pu faire de pis?
13. Qu'est-ce que la dame avoue sous la torture.
14. Pourquoi la bête ne veut-elle pas changer d'apparence devant le roi? Comment le sait-on?
15. Quelle est la punition de la femme?
16. Comment sont marqués ses enfants?
17. Trouvez-vous un symbolisme dans ce conte? Discutez.

ONEC

I

JE CONTINUE À VOUS OFFRIR DES LAIS. Je conte toujours en rime les histoires merveilleuses que je connais. Maintenant je voudrais vous parler de Yonec : où il est né, comment son père a rencontré sa mère. Le père s'appelait Muldumarec.

5   En Bretagne demeurait jadis un homme riche et vieux, très vieux. Il était protecteur de Caerwent et seigneur du pays. La ville est sur le bord du Duelas ; jadis c'était un grand passage de navires. Comme il avait bon héritage, il a pris femme : il pensait avoir des enfants qui seraient après lui ses héritiers.

10   La jeune fille qu'on a donnée à ce riche était noble de race, sage, courtoise et extrêmement belle ; sa beauté lui a assuré l'amour de son mari.

    Pour ce qu'elle était belle et gracieuse, il a mis toute son attention à la garder. Il l'a enfermée dans sa tour principale, en une grande chambre 15 pavée. Il avait une sœur, veuve et vieille ; il l'a mise avec la dame pour la garder étroitement. Il y avait aussi d'autres femmes, je crois, mais elles vivaient dans une chambre à part; et jamais la dame ne leur parlait sans la permission de la vieille.

Ainsi il l'a tenue plus de sept ans—ils n'ont pas eu d'enfants—et elle ne sortait de cette tour ni pour parent ni pour ami. Quand le sire allait se coucher, pas un huissier ni chambellan n'osait entrer avant lui 5 dans la chambre pour allumer les chandelles. La dame était en très grande tristesse. A tant pleurer, à tant soupirer, sa beauté se perdait comme il arrive à celle qui ne s'en soucie pas. Et elle aurait mieux aimé être prise par une mort soudaine.

II

Au début du mois d'avril, les oiseaux menaient leurs chansons. Un 10 matin, le sire s'est levé de bonne heure. Il s'est apprêté pour aller au bois. Il a fait appeler la vieille, afin qu'elle referme les portes derrière lui. Elle lui a obéi. Puis elle est allée dans une autre chambre, emportant en main son psautier pour y lire des versets.

La dame s'est éveillée. Elle s'est aperçue que la vieille était sortie de 15 la chambre. Elle a pleuré en revoyant la clarté du soleil. Elle a soupiré, s'est plainte, s'est lamentée amèrement :

«Malheureuse, dit-elle, je suis née pour mon malheur! Ma destinée est si dure! Je suis emprisonnée dans cette tour, je n'en sortirai que morte. Ce vieux jaloux, que craint-il, qu'il me tient si étroitement gardée? Il 20 est bien fou, bien sot, il craint toujours d'être trahi. Je ne puis même aller à la chapelle entendre le service de Dieu. Si je pouvais voir des gens, leur parler, me divertir avec eux, je lui ferais bon visage, bien que je n'en aie guère envie. Maudits soient mes parents et tous les autres qui m'ont donnée à ce jaloux! Mais j'ai beau protester; jamais il ne mourra. 25 Quand on l'a baptisé, sûrement on l'a plongé au fleuve d'enfer : durs sont ses nerfs, dures sont ses veines qui sont toutes pleines d'un sang vif.

Bien souvent j'ai entendu conter que jadis les affligés rencontraient en ce pays des aventures qui leur redonnaient du courage. Les chevaliers trouvaient des pucelles, selon leur désir, belles et gracieuses, et les dames 30 trouvaient des amants si beaux, si courtois, si preux, si vaillants qu'elles leur cédaient sans qu'on osât les blâmer; et nul autre qu'elles ne voyait leurs amants. Si cela a été, si cela peut être, si jamais telle aventure est arrivée, que Dieu, qui peut tout, accomplisse mon désir.»

5   Après s'être plainte ainsi, elle a aperçu dans l'étroite fenêtre l'ombre d'un grand oiseau. Elle ne savait pas ce que c'était. Il est entré en volant dans la chambre; il avait toute l'apparence d'un autour[1] de cinq ou six mues;[2] des lanières[3] traînaient à ses pieds. Il s'est posé devant la dame. Il s'est tenu là quelque temps et elle l'a bien regardé, et le voilà changé
10 en chevalier beau et gracieux.

La dame en était étonnée; tout son sang n'a fait qu'un tour, elle avait grande peur, elle a couvert sa tête.

Très courtois était le chevalier. Il lui a adressé la parole le premier.

«Dame, fait-il, n'ayez pas peur. L'autour est un oiseau noble, je
15 vous l'assure. Même si ces mystères vous sont obscurs, soyez tranquille et faites de moi votre ami. C'est pour cela que je suis venu. Je vous ai longuement désirée dans mon cœur. Je n'ai jamais aimé femme que vous, et n'en aimerai jamais d'autre. Mais je ne pouvais pas sortir de mon palais et venir à vous sans être appelé par vous. Maintenant je puis
20 bien être votre ami.»

La dame s'est sentie rassurée; elle a découvert sa tête, elle a parlé. Elle a répondu au chevalier qu'elle ferait de lui son ami, s'il croyait en Dieu et qu'ainsi rien ne s'opposât à leur amour. Car il était le plus beau chevalier qu'elle eût jamais vu ou qu'elle s'attendît à voir.

25 «Dame, dit-il, vous parlez comme il faut. Pour rien au monde, je ne voudrais qu'il y ait à mon sujet[4] accusation, soupçon ou doute. Certes, j'ai foi en notre Créateur, qui nous a libéré de la tristesse où Adam notre père nous avait jetés en mordant à la pomme d'amertume; il a été, il est, il sera toujours vie et lumière pour les pécheurs. Si vous ne m'en
30 croyez pas, faites venir votre chapelain. Dites qu'un mal vous a surprise,

---

[1] *autour*: oiseau de proie; «hawk».
[2] *mue*: «moulting». L'ayant subie cinq ou six fois, l'oiseau est adulte.
[3] *lanière*: «thong», «strap».
[4] *à mon sujet*: «directed at me».

que vous voulez recevoir le sacrement établi par Dieu dans le monde
pour le salut des pécheurs. Je prendrai votre semblance; je dirai ma
confession de foi; je recevrai le corps du Seigneur Dieu. Et vous n'aurez
plus de doute.»

Elle lui a répondu qu'il avait bien parlé. A côté d'elle, il s'est couché   5
sur le lit; mais il n'a pas essayé de la toucher, ni de l'embrasser ni de la
baiser.

Alors la vieille est revenue. Elle a trouvé la dame éveillée; elle lui a
dit qu'il était temps de se lever, et lui a voulu apporter ses vêtements.
Mais la dame a répondu qu'elle était malade, qu'il fallait chercher le   10
chapelain et le faire venir tôt, car elle avait grand peur de mourir.

«Tant pis, dit la vieille; mon seigneur est allé au bois; nul n'entrera
ici que moi.»

Voilà la dame bien embarrassée; elle a fait semblant de s'évanouir.
La vieille l'a vu, elle en était toute effrayée. Elle a débarré la porte, a   15
couru demander le prêtre. Celui-ci est arrivé le plus tôt possible, appor-
tant *Corpus Domini*.[5] Le chevalier (dans la semblance de la dame) l'a
reçu, il a bu le vin du calice.[6] Puis le chapelain s'en est allé, la vieille
aussi, en refermant la porte.

La dame était étendue aux côtés de son ami. Quand ils ont assez ri   20
et joué et parlé de leur amour, le chevalier a pris congé; il voulait retourner en son pays. Doucement elle l'a prié de revenir souvent la voir.

«Dame, fait-il, quand il vous plaira, je serai toujours là en moins
d'une heure. Mais prenez garde que nous ne soyons surpris. Cette vieille
nous trahira: elle vous guettera nuit et jour, elle découvrira notre amour,   25
elle ira le conter à son seigneur. Si tout arrive comme je le dis, et qu'ainsi
nous soyons trahis, je ne pourrai pas m'en tirer, car il faudra que je
meure.»

Là-dessus, le chevalier s'en est allé. Il a laissé son amie en grande
allégresse. Le lendemain, elle s'est levée, toute saine; toute la semaine,   30
elle a été très gaie. Elle soignait bien son corps; elle recouvrait toute sa

---

[5] *Corpus Domini*: «Host».
[6] *calice*: vase sacré de métal précieux dans lequel on verse le vin pendant le sacrifice de
la messe.

beauté. Maintenant, plus lui plaisait de séjourner là que d'aller s'amuser ailleurs. Elle voulait voir souvent son ami et prendre de lui son plaisir. Nuit et jour, tôt et tard, dès que son sire la quittait, elle l'avait tout à son plaisir. Or fasse Dieu qu'elle en jouisse longtemps.

III

5   Par la grande joie qu'elle avait de voir souvent son amant, tout son semblant s'est changé. Son sire était bien avisé ; il s'est aperçu qu'elle était autrement que de coutume. Il a commencé à soupçonner sa sœur.

Un jour il l'a interpellée : il a dit qu'il s'émerveillait de voir sa dame faire toilette ainsi, et en a demandé la raison.

10   La vieille a répondu qu'elle n'en savait rien : nul ne pouvait lui parler ; elle n'avait ni amant ni ami ; toutefois elle restait seule plus volontiers que dans le passé ; cela, la vieille l'avait bien remarqué.

Alors le sire lui a répondu :

«Par ma foi, je vous crois. Or il faut que vous fassiez quelque chose :
15   le matin, quand je serai levé et que vous aurez fermé les portes sur moi, faites semblant de sortir, laissez-la reposer seule. Mais placez-vous en un lieu secret, et de là regardez et observez ce qui peut la tenir en si grande joie.»

Sur ce conseil, ils se sont séparés. Hélas, comme ils seront malheu-
20   reux, ceux qu'on a résolu d'espionner pour les prendre au piège et trahir !

Trois jours après, le sire a fait semblant de partir en voyage. Il a dit à sa femme que le roi l'avait mandé par une lettre, mais qu'il reviendrait vite. Il a quitté la chambre et a refermé la porte. Et la vieille, qui s'était
25   levée, s'est cachée derrière un rideau ; elle pourrait bien y entendre et voir ce qu'elle désirait connaître.

La dame était toujours couchée, mais ne dormait pas, car elle dési-
rait beaucoup revoir son ami. Il n'a pas tardé, il est arrivé en une heure. Ils ont mené grande joie ensemble, par paroles et par caresses, jusqu'au
30   moment où il s'est levé, car il lui fallait s'en aller.

La vieille a vu et observé comment il est arrivé, comment il est parti. Quand elle l'a vu homme, puis autour, cela lui a fait grande peur.

Le sire une fois revenu (il ne s'était guère éloigné), la vieille lui a expliqué la vérité. Il en était grandement fâché. Il s'est hâté de faire des pièges pour tuer le chevalier. Il a fait forger des broches de fer très 5 grandes, avec des pointes bien aiguës; sous le ciel il n'y avait point rasoir plus tranchant. Après les avoir préparées et garnies de pointes arrangées comme les barbes d'un épi,[7] il les a disposées sur la fenêtre par où le chevalier passait quand il revenait à la dame. Dieu, si seulement il savait la trahison que le traître lui préparait! 10

IV

Le lendemain, le sire s'est levé avant l'aube et a dit qu'il voulait aller chasser. La vieille l'a accompagné, puis elle s'est recouchée pour dormir, car il ne faisait pas encore jour.

La dame veillait; elle attendait celui qu'elle aimait loyalement; elle souhaitait son arrivée, car il pouvait maintenant être avec elle tout à 15 loisir.

Sitôt qu'elle l'a demandé, il n'a guère tardé. Il est venu en volant droit vers la fenêtre, mais les broches étaient là : l'une l'a frappé en plein corps et a fait jaillir son sang vermeil. Quand il s'est senti blessé à mort, il s'est dégagé des fers, il est entré, il s'est posé devant la dame, sur le lit, 20 dont les draps sont devenus sanglants.

Elle a vu le sang, la plaie, et, toute angoissée, s'est épouvantée. Il lui a dit :

«Ma douce amie, pour votre amour, je perds la vie. J'avais prévu ce qui adviendrait : votre air joyeux nous perdrait.» 25

Quand elle l'a entendu, elle est tombée en pâmoison et a été comme morte pendant un moment. Il l'a réconfortée doucement : le deuil ne servait de rien ; il la laissait enceinte d'enfant ; ils auraient un fils vaillant

---

[7] *arranger comme les barbes d'un épi* : «dispose in fork-like fashion».

et preux qui la consolerait; elle le nommerait Yonec. Il vengerait sa mère et son père; il tuerait leur ennemi.

Sa plaie saignait sans arrêt: il ne pouvait demeurer davantage. A grande douleur, il est parti.

Elle l'a suivi avec des cris très aigus et s'est jetée après lui par la fenêtre. C'était merveille qu'elle ne se soit pas tuée, car le bâtiment avait bien vingt pieds de haut là où elle a sauté.

Elle ne portait que sa chemise. Elle s'est mise à suivre la trace du sang que perdait le chevalier. Elle a suivi cette piste jusqu'au bas d'une colline. Dans la face de cette colline était une ouverture que le sang avait toute arrosée; la dame ne pouvait rien voir là-dedans. Mais elle était sûre que son ami était entré là. Elle s'y est plongée en toute hâte. Elle n'y a trouvé nulle clarté et a marché si longtemps droit devant elle qu'elle est sortie de la colline et s'est trouvée dans un très beau pré.

Trouvant l'herbe tout mouillée de sang, elle a été saisie d'angoisse. Elle a suivi la trace au milieu du pré. Il y avait tout près une ville enclose de murs. Chaque tour, chaque maison, chaque salle semblait faite d'argent. Devant s'étendaient le marais, la forêt, l'enceinte.[8] De l'autre côté, près du donjon coulait une rivière: c'était là qu'arrivaient les bateaux; elle y voyait plus de trois cents voiles.

La porte de la ville était ouverte. La dame y est entrée, suivant toujours la trace de sang frais. Elle a traversé la cité jusqu'au château sans rencontrer homme ni femme. Elle est arrivée au palais; elle a vu le pavement tout couvert de sang. Elle est entrée dans une belle chambre où elle a trouvé un chevalier qui dormait. Elle ne le connaissait pas. Elle s'est avancée dans une autre chambre plus grande. Elle y a trouvé un lit, sans plus; un chevalier dormait dessus; elle a passé outre. Elle est entrée dans une autre chambre; elle y a trouvé le lit de son ami.

Les montants du lit étaient d'or pur; la valeur des draps était impossible à estimer; les chandeliers, où étaient allumés des cierges nuit et jour, valaient tout l'or d'une ville. Sitôt qu'elle a vu le chevalier, elle l'a reconnu.

---

[8] *enceinte*: espace clos.

Elle s'est avancée toute effrayée, est tombée sur lui et s'est pâmée. Il l'a soutenue, lui qui l'aimait, et à plusieurs reprises il s'est écrié : «Malheureux que je suis.»

Quand elle est revenue de sa pâmoison, il l'a réconfortée douce- ment :

«Belle amie, pour Dieu, je vous en prie, allez-vous-en d'ici, fuyez ! Je vais mourir au milieu du jour ; auparavant il y aura ici une douleur si grande que si on vous trouvait ici, vous seriez bien tourmentée. Mes gens sauront que c'est notre amour qui me perd. Pour vous j'ai douleur et angoisse.

—Ami, répond la dame, je préfère mourir avec vous que souffrir avec mon seigneur. Si je reviens chez lui, il me tuera.»

Le chevalier l'a rassurée ; il lui a donné un petit anneau en disant que tant qu'elle le garderait, son mari n'aurait aucun souvenir de ce qui s'était passé et ne la persécuterait.

Il lui a confié aussi son épée et puis l'a conjurée de ne s'en jamais défaire, mais de la bien garder pour son fils. Quand celui-ci serait che- valier preux et vaillant, elle l'amènerait à une fête avec son mari. Là, dans une abbaye, ils apprendraient, près d'une tombe, les détails du meurtre. Elle donnerait l'épée à son fils ; elle lui dirait le nom de son père et comment il était né. On verrait ce qu'il ferait.

Quand il lui a tout expliqué, il lui a donné une tunique de grand prix ; il lui a commandé de s'en vêtir et puis de le quitter. Elle s'en est allée ; elle a emporté l'anneau et l'épée, qui la consolaient.

Au sortir de la ville, elle n'avait pas marché une demi-lieue qu'elle a entendu sonner les cloches et le deuil s'élever du château pour le seigneur qui se mourait. Elle savait bien qu'il n'était plus. Et de la douleur qu'elle avait, elle s'est pâmée quatre fois.

V

Quand elle est revenue de sa pâmoison, elle s'est remise en route pour la colline ; elle est entrée dedans, puis elle en est sortie et a regagné ainsi son pays. Elle y a vécu maint et maint jour aux côtés de son seigneur qui de rien ne l'a accusée, ni ne lui a dit injure, ni ne l'a raillée.

Son fils est né, a été bien nourri, bien gardé, bien chéri. Elle l'a nommé Yonec. Dans ce royaume, on ne pouvait trouver son égal en
5   beauté, en vaillance, en générosité. Quand il est devenu homme, on l'a adoubé chevalier. Et cette même année, entendez ce qui est advenu !

A Caerléon, une des villes où l'on célébrait la fête de Saint-Aaron,[9] le sire est allé avec ses amis, selon la coutume du pays. Il y a emmené sa femme et son fils, en grande et riche pompe. Ils ne connaissaient pas
10 la route. Un jeune homme qui les accompagnait les a conduits à un château splendide. A l'intérieur se trouvait une abbaye de moines très pieux. Leur guide les y a hébergés.

Dans la chambre de l'abbé, on les a bien servis et honorés. Le lendemain, après la messe, ils voulaient repartir. Mais l'abbé les a priés
15 de rester ; il voulait leur montrer son dortoir, son réfectoire, son chapitre ;[10] et comme ils avaient été très bien traités, le sire y a consenti.

Après le dîner et les services de l'abbaye, ils sont allés visiter la salle capitulaire.[11] Ils y ont trouvé un grand tombeau recouvert d'une soie décorée d'ornements en forme de roues, où courait en plein milieu une
20 bande d'orfroi.[12] A la tête du tombeau, au pied, sur les côtés, vingt cierges étaient allumés dans des chandeliers d'or fin. D'améthyste étaient les encensoirs[13] avec lesquels on encensait cette tombe toute la journée par grand honneur.

Ils ont demandé aux gens du pays de qui était cette tombe, quel
25 homme y gisait. Ceux-ci ont commencé à pleurer et en pleurant à raconter que c'était le meilleur chevalier, le plus fort, le plus fier, le plus beau, le plus aimé qui eût jamais existé. Sur cette terre il avait régné ;

---

[9] *fête de Saint-Aaron* : le premier juillet.

[10] *chapitre* : lieu où s'assemblent les religieux.

[11] *capitulaire* : du chapitre.

[12] *orfroi* : «gold-embroidered material».

[13] *encensoir* : «incense burner».

jamais roi ne fut si courtois. A Caerwent il avait été attaqué et tué pour l'amour d'une dame.

«Jamais depuis nous n'avons plus eu de roi. Voilà maint jour que nous attendons, comme il l'a commandé, l'arrivée du fils qu'il a en- gendré en la dame.»   5

Quand la dame a entendu la nouvelle, elle a appelé son fils à hau- te voix.

«Beau fils, dit-elle, avez-vous entendu? C'est Dieu qui nous a menés ici. Celui qui gît là-bas est votre père; ce vieillard l'a tué traî- treusement. Or je vous rends son épée; voilà assez longtemps que je la 10 garde!»

Devant tous, elle lui a appris qui était son père, comment le roi avait coutume de venir à elle, comment son sire l'avait trahi. Bref, elle a ra- conté toute l'aventure. Puis sur la tombe elle s'est évanouie; dans sa pâmoison elle est morte; jamais plus elle n'a parlé.   15

Quand son fils a vu sa mère morte, il a coupé la tête à son parâtre;[14] avec l'épée de son père, il l'a donc vengé, et sa mère en même temps.

Puis les gens de la ville ont pris à grand honneur le corps de la dame et l'ont déposé dans le tombeau, avec son ami. Que Dieu leur fasse miséricorde.   20

Et sur-le-champ Yonec est devenu seigneur du pays.

Longtemps après, ceux qui ont entendu cette aventure, inspirés de la pitié qu'ils ressentaient de la douleur soufferte par les amants, en ont fait un lai.

QUESTIONS

SECTION I:

   1. Qui est Muldumarec?

   2. Que fait-il pour garder sa femme? Pour combien de temps?

---

[14] *parâtre*: mauvais beau-père.

3. Pourquoi est-elle en grande détresse?

4. Comment peut-on perdre sa beauté?

SECTION II:

5. De quoi se plaint la dame?

6. Qu'est-ce qu'elle avait entendu conter?

7. Quel est son visiteur? Par où arrive-t-il?

8. Pourquoi n'est-il pas venu plus tôt?

9. Que signifie: la tristesse dans laquelle Adam nous a jetés?

10. Pourquoi appelle-t-on le chapelain?

11. Décrivez le changement chez la dame.

SECTION III:

12. Que propose un jour le seigneur à sa sœur?

13. Où va se cacher la vieille?

14. Pourquoi la dame ne dormait-elle pas?

15. Qu'est-ce qui a effrayé la vieille?

16. Quelle embûche le seigneur prépare-t-il pour le visiteur?

SECTION IV:

17. Qu'est-ce qui perd la dame?

18. Que fera son fils Yonec?

19. Pourquoi la dame se jette-t-elle par la fenêtre?

20. Où mène la piste qu'elle suit?

21. Comment peut-elle suivre la trace de l'oiseau-chevalier?

22. Quelle est la signification, croyez-vous, des trois lits dans le palais?

23. Pourquoi doit-elle partir avant la mort de son ami?

24. Quelle est la magie de l'anneau qu'il lui donne?

25. Que doit-elle faire avec l'épée qu'il lui rend?

26. Que signifie le son des cloches?

SECTION V:

27. Qui va à Caerléon pour la fête de Saint Aaron?
28. Où héberge-t-on les pèlerins?
29. Que font-ils après le dîner?
30. De qui est la tombe qu'ils voient?
31. Qu'attend-on depuis maint jour?
32. Après avoir appris la nouvelle, que fait la dame?
33. Comment Yonec venge-t-il ses parents?
34. Quel sentiment a inspiré ce lai?
35. Voyez-vous une parenté entre ce lai et celui du Bisclavret? Laquelle?

ℒANVAL

I

Je vous conterai l'origine de l'aventure d'un autre lai. Il tire son
nom, chez les Bretons, d'un jeune homme très noble.

A Carlisle[1] séjournait le roi Arthur, le preux et le courtois. Ecossais[2] et Pictes[3] ravageaient alors le pays, envahissant et saccageant la
5   terre de Logre. Donc le roi était à Carlisle, à la Pentecôte en été.

Il y a distribué beaucoup de riches présents aux comtes et aux
barons. Aux chevaliers de la Table Ronde, qui dans le monde entier
n'avaient pas d'égaux, il a donné femmes et terres. Il n'en a oublié qu'un
seul, et celui-là pourtant l'avait bien servi: c'était Lanval. Le roi ne
10 s'en est plus souvenu, et les gens de la cour n'étaient pas secourables au
chevalier.

Sa valeur, sa générosité, sa beauté, sa prouesse étaient cause que beau-

---

[1] *Carlisle*: ville en Angleterre (Cumberland).

[2] *Ecossais*: «Scots».

[3] *Pictes*: «Picts».

118

coup l'enviaient; tel lui montrait semblant d'amour qui, en cas de
malheur, se serait gardé de le plaindre. Il était de haut parage, fils d'un roi,
mais son pays était loin. Ne faisait-il pas partie de la maison du roi? Or
tout son avoir avait été dépensé; et le roi ne lui a rien donné, et Lanval
n'a rien demandé.   5

Le voilà triste, malheureux, et bien soucieux. Seigneurs, ne vous en
étonnez pas: l'étranger, qui est privé d'appui, est dolent sur la terre
d'autrui, quand il ne sait où chercher de l'aide.

Un jour, ce chevalier, qui avait tant servi le roi, est monté sur son
destrier et s'en est allé pour se délasser. Il était seul; il est arrivé dans un   10
pré. Il est descendu au bord d'une eau courante. Son cheval tremblait;
il l'a dessanglé[4] pour le laisser rouler dans l'herbe. A quelque distance,
Lanval a plié son manteau sous sa tête et s'est couché. Sa misère lui
donnait beaucoup à penser; il ne voyait dans l'avenir chose qui lui plût.

Comme il se reposait ainsi, il a aperçu deux belles demoiselles qui   15
venaient du côté de la rivière; elles étaient richement vêtues, étroitement
lacées dans deux tuniques de pourpre sombre, et leur visage était merveilleusement beau. L'aînée portait une paire de bassins d'or pur, ad-
mirablement travaillés; et l'autre portait une serviette. Elles venaient
droit vers le lieu où le chevalier se trouvait.   20

Lanval, qui était bien élevé, s'est levé à leur approche. Elles l'ont
salué d'abord, puis lui ont dit leur message:

«Sire Lanval, notre demoiselle, qui est extrêmement vaillante, sage
et belle, nous envoie vers vous. Venez avec nous! Sans danger nous
vous conduirons chez elle; voyez là-bas sa tente.»   25

Alors le chevalier les a suivies; de son cheval qui paissait[5] devant lui
dans le pré, il n'avait plus souci.

Elles l'ont amené jusqu'à la tente qui était très belle et très bien plan-
tée. Ni la reine Sémiramis,[6] au temps où elle avait le plus de fortune, et

---

⁴ *dessangler*: «loosen the saddle-girth» (sangle).

⁵ *paître*: manger l'herbe.

⁶ *Sémiramis*: reine légendaire d'Assyrie et de Babylonie, à qui la tradition attribue la
fondation de Babylone et de ses jardins suspendus.

le plus de puissance, et le plus de sagesse, ni l'empereur Octavien[7] n'en
aurait pu payer la moitié. En haut était un aigle d'or; ce qu'il valait, on
ne peut l'estimer, non plus que les cordes et les piquets[8] qui tendaient les
pans de la tente. Sous le ciel il n'y avait pas de roi qui aurait pu les
5 acheter, si riche soit-il.

Dans ce pavillon se tenait la demoiselle. Elle surpassait en beauté
fleurs de lis et roses nouvelles, quand elles paraissent au temps d'été.
Etendue sur un lit magnifique, dont les draps valaient un château, elle
ne portait que sa chemise. Son corps était joli et bien fait. Un riche man-
10 teau en pourpre d'Alexandrie, doublé d'hermine blanche, était jeté sur
elle pour lui tenir chaud; mais elle avait le côté découvert, le visage, le
cou et la gorge. La demoiselle était plus blanche que fleur d'aubépine.[9]

Le chevalier s'est avancé et la demoiselle l'a invité à s'asseoir devant
le lit:

15 «Lanval, bel ami, dit-elle, c'est pour vous que j'ai quitté ma terre.
Je suis venue de loin pour vous chercher. Si vous êtes preux et courtois,
il n'est comte, roi ni empereur qui ait jamais connu la joie qui vous
attend, car je vous aime sur toute chose au monde.»

Il la contemplait, il la trouvait belle. Amour l'a piqué d'une
20 étincelle qui a enflammé son cœur et l'a embrasé. Il a répondu avec
gentillesse.

«Belle, dit-il, si j'avais la joie d'être aimé de vous, vous ne sauriez
rien commander que je ne ferais de mon mieux, que ce soit sagesse ou
folie. Je ferais vos commandements et j'abandonnerais tous pour vous.
25 Je ne veux jamais vous quitter: voilà ce que je désire le plus.»

Quand la demoiselle l'a entendu parler d'un tel amour, elle lui a
accordé sa confiance et son corps. Lanval était-il sur le bon chemin?

Puis elle lui a fait un don: désormais il ne souhaiterait chose sans
l'avoir aussitôt à son désir. Qu'il donne et dépense largement, elle lui

---

[7] *Octavien*: autre nom d'Auguste, à qui on avait transféré la légende de Crésus, dernier
roi de Lydie (VIe siècle av. J.-C.), qui était célèbre par ses richesses.

[8] *piquet*: «pole».

[9] *aubépine*: «hawthorn».

trouvera de quoi y suffire. Voilà Lanval bien pourvu : plus il dépensera,
plus il aura d'or et d'argent.

«Ami, fait⁄elle, voici une chose dont je vous conjure, et que je com⁄
mande et prie : ne découvrez notre secret à personne ! Je vous dirai pour⁄
quoi. Si notre amour était su, vous me perdriez à jamais ; jamais plus   5
vous ne pourriez me voir ni prendre possession de mon corps.»

Il lui a promis d'observer ses commandements.

Puis à côté d'elle, dans le lit, il s'est couché. Voilà Lanval bien
hébergé. Il a passé là tout l'après⁄midi jusqu'à la nuit tombante et il
serait bien resté encore si son amie avait consenti.   10

«Ami, dit⁄elle, levez⁄vous ; vous ne pouvez demeurer davantage.
Allez⁄vous⁄en ; moi, je reste. Mais sachez ceci : quand vous voudrez
me parler, il n'est pas de lieu—de ceux du moins où l'on peut recevoir
son amie sans reproche et sans vilenie,—où je ne me présente aussitôt à
vous, prête à satisfaire vos désirs. Et nul homme ne me verra, sauf vous,   15
ni n'entendra mes paroles.»

Quand il a entendu cela, il en était très joyeux ; il l'a embrassée,
puis il s'est levé.

Celles qui l'avaient amené à la tente lui ont passé de riches vête⁄
ments. Quand il a été de neuf habillé, il n'y avait sous le ciel plus beau   20
jeune homme. Elles lui ont donné de l'eau et la serviette pour ses mains ;
puis elles ont apporté de quoi manger. Il a pris le souper avec son amie.
On l'a servi très courtoisement et il a pris de tout à grande joie. Mais il y
avait entre chaque plat un divertissement qui plaisait beaucoup plus
au chevalier : c'était de baiser souvent son amie et de l'embrasser étroite⁄   25
ment.

Après le repas, on lui a amené son cheval. La selle en était bien
sanglée : riche service, celui qu'il a trouvé là. Il a pris congé, il est monté
à cheval, et s'en est allé vers la ville.

Mais souvent il regardait en arrière. Il était en très grand émoi ; il   30
allait pensant à son aventure et doutant au fond de son cœur. Il était
stupéfié à tel point qu'il ne savait que croire. A peine s'il croyait l'aven⁄
ture véritable.

Arrivé à son hôtel, il a trouvé ses hommes bien vêtus. Cette nuit⁄là il a tenu table ouverte; et nul ne savait d'où lui venait cette soudaine richesse. Il n'y avait pas dans la ville un seul chevalier ayant besoin de se refaire qu'il ne fît venir à lui et servir richement et bien.

5   Lanval distribuait de riches cadeaux, Lanval libérait les prison, niers, Lanval habillait les jongleurs,[10] Lanval menait la vie d'un che, valier fastueux.[11] Il n'y avait étranger ou familier qui ne reçoive quelque chose de Lanval. Et Lanval avait aussi grande joie amoureuse: la nuit, le jour, il appelait à lui son amie et elle venait. Tout était à ses ordres.

II

Cette même année, après la fête de Saint,Jean,[12] une trentaine de
10   chevaliers sont allés se divertir en un verger, sous la tour où habitait la reine. De leur nombre était Yvain le beau et son cousin Gauvain, le franc, le preux qui savait se faire aimer de tous. Et Gauvain a dit:

«Par Dieu, seigneurs, nous ne traitons pas bien notre compagnon Lanval, qui est si généreux, si courtois et fils d'un roi si riche, quand
15   nous venons ici jouer sans lui.»

Alors ils s'en sont retournés, ils sont venus à son logement, et ont emmené Lanval à force de prières.

La reine était dans l'embrasure d'une fenêtre; elle avait trois dames avec elle. Elle a aperçu les familiers du roi et Lanval qu'elle connaissait
20   bien. Elle a appelé une de ses dames, elle l'a envoyée chercher les plus aimables et les plus belles de ses demoiselles, pour descendre avec elle dans le verger où se divertissaient les chevaliers. Elle en a amené une trentaine; par les degrés, elles sont descendues.

A leur rencontre sont venus les chevaliers, qui leur ont fait un joyeux
25   accueil. Ils les ont prises par les mains; cette assemblée n'avait rien qui déplaise. Pourtant Lanval s'est retiré à l'écart, loin des autres. Il lui tar,

---

[10] *jongleur*: au Moyen Age, ménestrel qui récitait lui,même ses vers en s'accompagnant de quelque instrument.

[11] *fastueux*: qui étale un grand luxe.

[12] *fête de Saint,Jean*: le 24 juin.

dait de toucher son amie, de la tenir, de la baiser, de l'accoler. La joie d'autrui ne le touchait guère, puisque lui-même n'avait pas son plaisir.

Quand la reine l'a vu seul, elle est venue droit à lui. Elle s'est assise près de lui, elle lui a découvert son cœur:

«Lanval, voilà longtemps que je vous honore, chéris, et que je vous aime. Et vous pouvez avoir mon amour tout entier; vous n'avez qu'à parler. Je vous octroie ma tendresse; vous devez en être content.

—Dame, fait-il, laissez-moi tranquille. Je ne m'intéresse pas à vous aimer; j'ai longuement servi le roi, je ne veux pas manquer à la foi donnée. Ni pour vous ni pour votre amour, je ne ferai de tort à mon seigneur.»

La reine s'est courroucée; elle était en colère, elle a parlé méchamment:

«Lanval, dit-elle, je le vois bien maintenant, ce n'est pas ce plaisir que vous aimez! Bien souvent on m'avait dit que vous n'aviez aucun souci des femmes. Vous avez des jeunes hommes bien dressés,[13] et c'est avec eux que vous prenez vos plaisirs. Misérable couard, mauvais infâme, bien malheureux est mon sire qui vous a souffert près de lui; assurément il en perd le salut de Dieu.»

Quand Lanval l'a entendu, il s'est bien affligé; mais il n'était pas long à la riposte, et dans sa colère il a dit des choses dont il s'est repenti par la suite.

«Dame, dit-il, je n'entends rien à ces vilenies; mais j'aime une femme qui doit avoir le prix sur toutes celles que je connais, et je suis aimé d'elle. Et je vous dirai une chose; sachez-la bien sans détour: n'importe laquelle de ses servantes, même la plus humble de toutes, vaut mieux que vous, dame reine, pour le corps et le visage et la beauté et l'éducation et la bonté!»

Alors la reine l'a quitté; elle est retournée en sa chambre, toute en pleurs. Elle avait grande douleur et courroux de ce qu'il l'avait ainsi

---

[13] *dresser*: «train».

avilie. Elle s'est couchée en son lit, malade. Jamais, dit-elle, elle ne s'en
lèverait si le roi ne faisait droit à la plainte qu'elle allait lui adresser.

III

Le roi est revenu des bois, très content de sa journée. Il est entré
dans la chambre de la reine. Quand elle l'a vu, elle est tombée à ses
5   pieds, elle a crié merci, elle lui a dit que Lanval l'avait déshonorée : il
l'avait requise d'amour. Et parce qu'elle l'a éconduit, il l'a outragée et
injuriée sans mesure : il s'est vanté d'avoir telle amie distinguée, si
fière et si noble que mieux valait sa servante, même la moindre de celles
qui la servaient, que la reine elle-même.
10   Le roi s'est mis en grande colère ; il a juré son serment : si Lanval
ne pouvait se justifier devant la cour, il le ferait brûler ou pendre ! Hors
de la chambre est sorti le roi ; il a appelé trois de ses barons ; il les a envoyés chercher Lanval, qui avait déjà assez de mal et douleur.
Il était rentré à son hôtel ; il avait aussitôt compris qu'en découvrant
15   son amour il avait perdu son amie. Il s'était retiré tout seul dans une
chambre, pensif et malheureux. Là sans cesse il l'appelait, mais cela ne
lui valait rien. Il se plaignait et soupirait, se pâmait de temps en temps,
puis lui criait cent fois d'avoir merci de son ami, de lui parler ; il mau-
dissait son cœur, sa bouche ; c'était merveille qu'il ne se tuât. Mais en
20   vain il criait, en vain il battait sa poitrine et se torturait : elle ne daignait
pas avoir pitié de lui ni lui apparaître un seul instant. Hélas, comment se
comportera-t-il ?
Les messagers du roi sont arrivés et lui ont dit de venir à la cour sans
délai ; la reine l'avait accusé, le roi l'a mandé. Lanval les a suivis, plongé
25   dans son deuil, mais il aurait préféré qu'on le tue. Il est arrivé devant le
roi, triste et taciturne, témoignant une grande douleur.
Le roi lui a dit avec colère :
« Vassal, vous avez gravement méfait contre moi ! Vous avez laide-
ment essayé de m'outrager, de me déshonorer, et d'insulter la reine. Et
30   vous vous êtes vanté d'une folie ! Vous l'avez faite trop belle, votre amie,

en prêtant à sa servante plus de beauté et d'excellence que n'en a la reine!»

Lanval s'est défendu: il n'a pas voulu déshonorer ni honnir son seigneur, il n'a pas prié d'amour la reine. Mais pour l'amour dont il s'est vanté, il a maintenu ses paroles: s'il menait un tel deuil, c'est qu'il l'avait perdu. Au reste, il ferait ce que la cour jugerait.   5

Le roi était très irrité. Il a envoyé chercher tous ses hommes pour apprendre d'eux franchement ce qu'il devait faire, de sorte que personne ne pût le lui imputer à mal.[14] On a fait son commandement: que cela leur plaise ou leur déplaise, tous sont venus.   10

Ils ont décidé entre eux que Lanval serait jugé plus tard, mais que jusque-là il devrait donner des cautions[15] à son seigneur; il devait promettre qu'il attendrait son jugement et se présenterait au jour fixé; alors la cour serait rassemblée toute entière, car ce jour-là seuls les familiers du roi étaient présents.   15

Les barons sont revenus vers le roi et lui ont exposé la manière de procéder. Le roi a demandé les cautions. Lanval était seul et plein de trouble; il n'y avait autour de lui ni parent ni ami. Gauvain s'est avancé, qui l'a cautionné, et tous ses compagnons après. Et le roi leur a dit:

«Je vous accepte sur ce que chacun de vous tient de moi, terres et   20
fiefs.»

Quand Lanval a eu trouvé des garants, il ne restait plus rien à faire. Il est retourné à son hôtel. Les chevaliers l'ont accompagné; ils l'ont blâmé et l'ont averti à ne pas mener si grande douleur; ils ont maudit son fol amour. Chaque jour, ils allaient le voir pour savoir s'il buvait,   25
s'il mangeait; ils craignaient qu'il ne se rendît malade.

IV

Au jour fixé, les barons se sont rassemblés. Le roi et la reine étaient là et les garants ont amené Lanval. Tous étaient dolents pour lui; il y

---

[14] *imputer à mal*: «interpret unfavorably».

[15] *caution*: «bail»; «security».

en avait une centaine qui auraient tout fait pour le voir libre sans jugement, car on le croyait accusé à très grand tort.

Le roi a demandé la relation[16] selon la plainte[17] et la défense. Maintenant, tout reposait sur les barons.

5 Ils sont allés au jugement, pensifs et troublés, à cause de cet homme noble venu de terre étrangère qui au milieu d'eux était engagé en si mauvais pas. Plusieurs voulaient le charger selon la volonté de leur seigneur. Alors le duc de Cornouailles a dit:

«La cour ne manquera pas à son devoir; qu'on en pleure ou qu'on
10 en chante, le droit doit triompher. Le roi s'est plaint de son vassal que je vous entends nommer Lanval; il l'a accusé de crime contre le lien vassalique, à cause d'un méchant propos sur un amour dont il s'est vanté, ce qui a courroucé madame la reine. Personne ne l'a accusé, sauf le roi. Par ma foi, il n'y a pas là, pour qui veut parler franchement, matière à
15 sentence, sinon qu'en toute affaire l'homme-lige doit honorer son seigneur. Mais de cela un serment d'innocence l'engagera, et le roi nous le rendra. Et si Lanval peut produire son garant, si son amie peut venir, s'il n'y a que vérité dans les choses qu'il en dit et dont la reine s'est fâchée, son propos lui sera pardonné, puisqu'il sera établi qu'il n'avait pas
20 inventé ces paroles pour humilier la reine. Mais s'il ne peut pas produire la preuve, nous devons lui annoncer ceci: il doit quitter le service du roi et doit se tenir pour banni.»

Ils ont envoyé vers le chevalier et lui ont demandé de faire venir son amie pour le protéger et être son garant. Il leur a répondu qu'il ne le
25 pourrait; il n'aurait plus d'elle aucune aide. Les messagers sont revenus vers les juges: Lanval ne ferait désormais aucune défense.

Le roi les pressait de conclure, à cause de la reine, qui était impatiente.

Ils étaient sur le point de trancher la cause[18] quand ils ont vu venir

---

[16] *relation*: «verdict».

[17] *plainte*: «charge».

[18] *trancher la cause*: «give a verdict».

deux jeunes filles, montées sur deux beaux palefrois qui trottaient l'amble. Elles étaient extrêmement avenantes, vêtues d'un taffetas pour, pre sur leur chair nue. Tous les ont regardées avec plaisir.

Gauvain, suivi de trois chevaliers, est allé à Lanval, lui a tout conté, lui a montré les deux jeunes filles, et, très content, l'a supplié de désigner   5
son amie. Lanval a répondu qu'il ne savait qui elles étaient, ni où elles allaient, ni d'où elles venaient.

Elles se sont avancées, toujours à cheval; à cheval elles sont arrivées jusqu'au trône où siégeait le roi Arthur, et là elles sont descendues. Elles étaient d'une grande beauté et elles ont salué Arthur cour,   10
toisement.

«Roi, faites préparer des chambres, et que l'on les encourtine de soieries[19] pour que notre dame puisse y descendre: elle veut être hé, bergée dans votre maison.»

Il le leur a accordé volontiers; il a appelé deux chevaliers qui les ont   15
fait monter aux chambres. Elles n'ont rien dit de plus.

Le roi a demandé à ses barons le jugement et la sentence: il était très courroucé du délai imposé.

«Sire, font,ils, nous nous sommes séparés pour regarder les dames et nous n'avons rien décidé. Nous allons reprendre le procès.»   20

Donc ils se sont rassemblés tout pensifs. Et le bruit et la dispute ont recommencé.

Comme ils étaient dans cette agitation, ils ont vu deux jeunes filles pourvues de bel équipage descendre la rue, vêtues de deux tuniques de soie orientale, et chevauchant deux mules espagnoles. Grande joie en   25
ont eu tous les vassaux. Ils se disaient entre eux que maintenant Lanval était sauvé, le preux, le hardi. Yvain est allé vers lui, emmenant ses com, pagnons.

«Sire, dit,il, reprenez courage! Pour l'amour de Dieu, répondez, nous! Voici venir deux demoiselles, très avenantes et très belles. L'une   30
est sûrement votre amie!»

---

[19] *encourtiner de soieries*: mettre des rideaux de soie.

Lanval a répondu vite qu'il ne les reconnaissait pas pour siennes, qu'il ne les connaissait pas, qu'il ne les aimait pas.

Mais les deux jeunes filles étaient arrivées devant le roi; elles sont descendues. Tous n'avaient que des louanges pour leur corps, leur visage, leur teint;[20] chacune d'elles valait mieux que la reine.

L'aînée, qui était très courtoise et sage, a fait gracieusement leur message:

«Roi, faites préparer des chambres pour recevoir notre maîtresse; elle vient ici vous parler.»

Il a commandé qu'on les menât auprès des autres qui étaient déjà venues. Pour leurs mules, elles n'ont dit mot. Quand Arthur en a eu fini avec elles, il a commandé à tous ses barons de rendre le jugement: le procès avait trop longtemps duré, et la reine s'en courrouçait, car elle trouvait que le repas se faisait trop attendre.

Donc ils allaient conclure le débat, quand voici qu'à travers la ville est arrivée, à cheval, une jeune fille; dans le monde entier, il n'y avait pas de si belle.

Elle chevauchait un palefroi blanc qui la portait doucement; il était bien fait de tête et d'encolure:[21] il n'y avait pas de bête plus noble sous le ciel. Et sur le palefroi était un riche harnais; au monde il n'y avait comte ni roi qui pourrait le payer sans vendre ses terres ou les mettre en gage. Elle-même était vêtue d'une chemise et d'une robe blanche lacée sur les deux flancs. Elle avait le corps gracieux, la hanche basse, le cou plus blanc que la neige sur la branche, le visage clair et les yeux changeants, la bouche belle, le nez droit, les sourcils bruns, le front beau, la tête bouclée et presque blonde; des fils d'or brilleraient moins que ses cheveux sous le soleil. Son manteau était de pourpre sombre; elle en avait rejeté les pans derrière elle. Sur son poing, elle tenait un épervier,[22] et un lévrier[23] la suivait.

---

[20] *teint*: «complexion».

[21] *encolure*: partie du corps du cheval, qui s'étend de la tête aux épaules.

[22] *épervier*: «sparrow hawk».

[23] *lévrier*: «greyhound».

Petits et grands, vieillards et enfants, couraient pour la regarder. Devant sa beauté, on ne savait que dire.

Elle s'est avancée lentement. Les juges l'ont vue et l'ont tenue pour grande merveille; pas un qui ne l'admirait et qui de bonne joie ne s'échauffait.   5

Ceux qui aimaient le chevalier sont venus à lui, et lui ont dit qu'une jeune fille approchait qui, s'il plaisait à Dieu, le délivrerait.

«Sire compagnon, en voici une qui arrive, qui n'est ni blonde ni brune; c'est la plus belle de la terre, entre toutes celles qui sont nées.»

Lanval les a entendus, il a levé un peu la tête; il l'a reconnue, il a   10
respiré. Le sang lui est monté au visage; et il a été prompt à parler.

«Par ma foi, dit-il, voilà mon amie! Peu m'importe la mort si elle m'accorde sa merci! Je ne souffre plus, puisque je la vois.»

La jeune fille est entrée au palais; jamais si belle n'y est venue depuis. Elle est descendue devant le roi, de sorte qu'elle était bien vue 15
de tous. Elle a laissé tomber son manteau, afin que tous puissent la voir mieux. Le roi, qui connaissait les usages, s'est levé à sa rencontre; tous les autres l'ont honorée et se sont empressés pour la servir. Après qu'ils l'avaient bien regardée et qu'ils avaient assez loué sa beauté, elle a parlé ainsi car elle ne voulait pas rester là: 20

«Roi, j'ai aimé un de tes vassaux; le voici, c'est Lanval. Il a été accusé devant ta cour et je ne veux pas qu'il ait à souffrir des paroles qu'il a dites. Sache ceci: c'est la reine qui lui a fait tort; jamais il n'a cherché à la séduire. Si donc, telle que je suis, je puis le justifier de s'être vanté, que tes barons le libèrent.»   25

Le roi a promis de faire ce que les barons jugeraient en toute loyauté. Pas un qui n'ait prononcé aussitôt qu'elle avait bien justifié Lanval. Leur décision l'a libéré. Et la jeune fille est partie; le roi n'a pu la retenir; les gens se sont pressés pour la servir.

Hors de la salle, on avait mis un grand bloc de marbre gris d'où les   30
hommes d'armes montaient sur leurs chevaux quand ils quittaient la cour du roi. Lanval est monté dessus. Quand la jeune fille est sortie de la porte, il a bondi d'un seul élan sur son palefroi, derrière elle.

Lanval s'en est allé, avec elle, en Avallon,[24] disent les Bretons, une île belle et merveilleuse. Ainsi a été ravi le jeune homme. Nul n'en a entendu désormais parler, et je ne puis plus rien vous en dire.

QUESTIONS

SECTION I:

1. Quels présents le roi Arthur donne-t-il à ses chevaliers?
2. Quel est le seul chevalier qu'il oublie?
3. Que fait ce chevalier?
4. Qui lui rend visite dans le pré?
5. Qui était la reine Sémiramis?
6. Faites en quelques phrases le portrait de la dame sous la tente.
7. Pourquoi est-elle venue ici?
8. Qu'est-ce que Lanval désire le plus?
9. Quel don lui confère-t-elle?
10. A quelle condition lui accorde-t-elle son amour?
11. De quel divertissement jouit-il pendant le dîner?
12. Dans quelle humeur Lanval quitte-t-il son amie? Est-ce facile à comprendre?
13. Quelle sorte de vie menait-il en ville?

SECTION II:

14. Qui sont Yvain et Gauvain?
15. Qui accompagne la reine au verger?
16. Pourquoi Lanval se tient-il à l'écart du groupe?
17. Qu'est-ce que la reine propose à Lanval? Sa réponse?
18. De quoi l'accuse-t-elle?

---

[24] *Avallon*: le paradis des Celtes (nom de la race qui comprend les Bretons, les Ecossais, les Gaulois, les Irlandais, etc.).

19. Quel secret révèle-t-il?
20. Avec quelle intention le quitte-t-elle?

SECTION III:

21. De quoi accuse-t-elle Lanval devant le roi?
22. Quelle est la réaction du roi? Est-elle justifiée?
23. Pourquoi Lanval est-il triste et malheureux?
24. La cour de justice ne se réunit pas tout de suite. Pourquoi?
25. Quel est le rôle de Gauvain dans le procès?
26. De quelle façon les chevaliers montrent-ils leur amitié pour Lanval?

SECTION IV:

27. Quels sont ceux qui amènent Lanval à la cour? En ont-ils l'obligation?
28. Dites brièvement quelle est l'opinion du duc de Cornouailles.
29. Quand on est sur le point de trancher la cause, qu'aperçoit-on?
30. Comment doit-on préparer les chambres pour la dame qui va venir?
31. Quel est le message qu'apporte le second couple de demoiselles?
32. Décrivez la dame qui arrive sur un palefroi blanc.
33. Pourquoi laisse-t-elle tomber son manteau?
34. Quel est le jugement de la cour?
35. Où va Lanval?
36. Le dénouement vous a-t-il surpris? Expliquez.
37. Voyez-vous du suspens dans ce lai? Lequel?
38. Relevez les éléments de féerie dans ce conte.

BIBLIOGRAPHIE CHOISIE

EDITIONS

Warnke, Karl, éd., *Die Lais der Marie de France,* 3ᵉ éd., Vol. III. Halle: Bibliotheca normannica, 1925. Edition classique, qui contient une bonne discussion des problèmes soulevés par les lais.

Ewert, Alfred, éd., *Marie de France, Lais.* Oxford: Blackwell, 1947. Excellente mise au point.

Rychner, Jean, éd., *Les Lais de Marie de France,* Vol. XCIII. Paris: Classiques français du moyen âge, 1966. Edition de base. Bibliographie complète, glossaire supérieur, notes utiles, texte soigné.

ETUDES CRITIQUES

Bédier, J., «Les Lais de Marie de France», *Revue des deux mondes,* CVII (1891), 835–63. Etude d'ensemble avec quelques analyses.

Hoepffner, E., *Les Lais de Marie de France.* Paris: Boivin, 1935. Etude fine et originale, surtout sur l'époque de Marie, son style, et sur la psychologie des personnages des lais.

Lazar, M., *Amour courtois et fin'amors dans la littérature du XIIᵉ siècle*. Paris: Klinck-sieck, 1964. Voir surtout le chapitre III, pp. 149–98.

Nagel, E., «Marie de France als dichterische Persönlichkeit», *Romanische Forschungen*, XLIV (1930), 1–102. Sur l'originalité de Marie et son tempérament poétique.

Schiött, E., *L'amour et les amoureux dans les Lais de Marie de France*. Lund: Malmström, 1889.